Premiers repas de bébé

À Coralie

Réalisation des recettes, stylisme et mise page :
Ilona Chovancova
Photographies : Akiko Ida.
Relecture : Philippe Rollet.

43, quai de Grenelle 75905 Paris cedex 15
ISBN : 978-2-501-08392-8
Codif : 41 2613 2
Dépôt légal : Janvier 2013
Imprimé en Espagne par Unigraf

Blandine Vié
Docteur Henri Bouchet

Premiers repas de bébé

• MARABOUT •

330
300
270
240
210
180
150
120
90
60
ml - cc

SOMMAIRE

AVANT-PROPOS

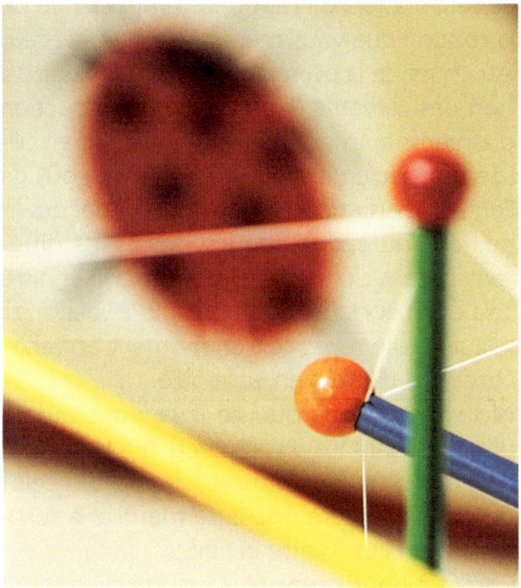

Présentation par Blandine Vié
Il n'y a rien de plus beau que d'avoir un enfant. Mais il n'y a rien de plus angoissant. Surtout si c'est le premier ! À la maternité, tout va bien... Côté soins, les puéricultrices bichonnent, lavent, changent, habillent bébé avec tant d'adresse que tout paraît facile. On se demande juste si on saura faire aussi bien. Pour ce qui est de l'allaitement, au sein ou artificiel, on est conseillé et encadré et tout va bien là aussi !
C'est en général dès le retour à la maison que commence à souffler un vent de panique. On commence par installer bébé dans sa chambre sans bien réaliser ce qui se passe. Mais au fil des jours, on se rend compte qu'un bébé ne se « case » pas facilement dans un emploi du temps. La jeune maman pense souvent qu'elle ne réussira jamais à s'organiser. Son sentiment de culpabilité se traduit par des coups de cafard, des crises de larmes, voire des crises de nerfs : c'est ce qu'on appelle la dépression post-partum, ou dépression bleue. C'est un état normal. On trouve son rythme au bout d'un mois environ - ce qui coïncide à peu près avec le premier sourire du bébé - surtout si l'entourage est compréhensif... et discrètement efficace !
Puis, très vite, de nouvelles questions se posent. Le bébé a 4 mois, et on peut commencer à lui donner à manger autre chose que du lait. Oui... mais quoi ?
C'est pour répondre à cette question - que je me suis posée lorsque j'ai eu ma fille - que j'ai écrit ce livre. Je ne pouvais me résoudre aux petits pots, ou à la soupe « poireaux-carottes-pommes de terre » de nos grands-mères. Il me paraissait indispensable d'introduire un peu de fantaisie dans son alimentation.
Bien sûr, comme toutes les mamans, j'ai eu peur de faire des bêtises. Et pour ne pas en faire, j'ai décidé de demander à son pédiatre son avis et sa caution sur toutes mes recettes. L'expérience est vite devenue formidable. Car il ne s'agissait plus seulement de cuisine : en découvrant de nouveaux plats, ma fille découvrait de nouvelles odeurs, de nouvelles couleurs, de nouvelles textures, de nouvelles saveurs... Chaque nouveau biberon était source de joie... car source de découvertes ! Il lui arrivait aussi de ne pas apprécier, affirmant ainsi sa personnalité. Un enfant qui mange tous les jours la même chose ne peut pas épanouir sa personnalité aussi bien qu'un enfant dont la nourriture est variée. Et un enfant dont les repas sont monotones est un enfant dont on anesthésie le goût. Aussi, c'est pour venir en aide aux mamans - et régaler leurs bébés - que j'ai décidé de publier le cahier de recettes de ma fille Coralie quand elle était bébé.

Présentation par le Dr Henri Bouchet

Ce livre s'adresse aux mères de nourrissons, de la naissance à 18 mois environ.

Les mamans sont souvent inquiétées par les bouleversements alimentaires qui surviennent dans le courant de la première année. Au tout début, le bébé ne prendra que du lait, pour arriver progressivement à s'alimenter (presque) comme toute la famille.

Très souvent, vous ne savez pas à quelle période proposer telle ou telle modification alimentaire, quels types d'aliments, quelles quantités peut prendre un petit enfant.

Nous avons voulu, dans ce livre, vous aider à ne plus craindre le moment des repas, vous aider à comprendre que l'alimentation d'un bébé, à partir de quelques règles très simples – parfois controversées d'ailleurs, selon les modes du moment, les habitudes de chacun –, n'est pas un problème. Mais il faut surtout retrouver une spontanéité, une intuition. Vous connaissez votre enfant mieux que personne et il faut que, dans l'alimentation proposée, dans les repas, apparaissent les notions de plaisir et de plaisir partagé.

« Il faut éduquer le goût de l'enfant, mais il ne faut pas compter sur les repas pour faire son éducation. » Et pourquoi pas? Je ne partage pas ce point de vue, il me paraît trop catégorique, et semble assimiler le repas à un simple apport calorique, obligatoire et technique. L'heure du repas revient assez souvent dans une journée, le repas occupe assez d'heures (il faut y penser, le préparer, le donner… et il faudra bien ranger ensuite!) pour que cette occasion renouvelée, pluriquotidienne, d'un face-à-face mère-enfant soit mise à profit pour autre chose qu'un simple apport nutritionnel. Vous savez bien que vous apportez plus que du lait, des purées, des crèmes, des laitages! Vous savez bien qu'il y a là, en toile de fond, du plaisir, de la tendresse, de l'amour! Je le disais plus haut, il y a de profondes modifications alimentaires dans le courant de la première année. Parallèlement apparaîtra une indépendance motrice, puisque votre bébé apprendra à marcher. En fait, cette période est celle d'un apprentissage global : le bébé apprend à se connaître, il apprend à reconnaître sa mère, sa famille, son environnement. Je suis persuadé que l'alimentation est un grand moment dans l'élaboration de ces apprentissages, en raison du temps accordé au bébé à cette occasion, en raison de l'importance de la relation que vous, mères, établissez avec lui. Au cours de la première année, la diversification des aliments (c'est-à-dire l'introduction d'aliments autres que le lait) pourra être utilisée non seulement pour éduquer le goût de l'enfant, mais encore pour l'aider à découvrir des couleurs, des odeurs, des goûts différents. Il sera alors amené à préférer, à choisir: cela est important, lui fera plaisir. Et à vous aussi. Il faut que le repas soit un moment agréable, l'occasion d'être bien ensemble.

Nous voudrions que ce livre vous aide à prendre confiance en vous et que, à travers les conseils qu'il vous donne, les petites règles de vie qu'il suggère, il vous permette une adaptation parfaite à votre enfant.

Quant à nous, notre plus grand plaisir serait que vous n'ayez plus aucun « problème » alimentaire…

200
180
160
140
120
100
80
60
ml·cc
fl. oz
6
5
4
3
2

L'alimentation du nouveau-né

De la naissance à 9 mois, nourrir un bébé est à la fois simple et compliqué.
Simple, car il ne prendra que du lait (allaitement maternel ou lait à reconstituer), selon un rythme qui lui est propre. L'heure des tétées revient tellement vite que bientôt la mère a l'impression de ne plus faire que ça ! C'est dire l'importance de l'alimentation, et celle de l'inquiétude qu'elle peut entraîner – il ne finit pas ses biberons, il mangerait tout le temps, il pleure après les tétées, il vomit, il est constipé… Bref, toutes sortes d'inquiétudes qui tissent peu à peu la relation des parents avec le bébé.

Ces premiers mois sont une période de découvertes.
Y a-t-il des règles fixes, de quantités à donner, de rythme ? Bien sûr, il faudra être raisonnable, mais non, il ne faut pas être trop rigide et laisser un peu de « mou » à ces notions qui étaient naguère bien rigoureuses ! Comment voulez-vous que, à peine né, un enfant sache qu'il existe des horaires, des quantités à prendre, qu'il existe la nuit et le jour ? Il faut être disponible lorsqu'il appelle, et lui donner à boire quand il a faim, le changer quand il n'est pas propre et sec. Vous vous connaîtrez ainsi de mieux en mieux, après les tâtonnements nécessaires, car formateurs.

ALLAITEMENT AU SEIN

Le lait maternel est le mieux adapté des aliments : personne ne le discute. La tétée va donc fournir cet aliment « parfait », mais apportera beaucoup plus encore : le contact de la mère, la position détendue qu'elle fait prendre au bébé, les caresses, les paroles, combleront tous les besoins de l'enfant à la fois. Vous établirez ainsi, instinctivement, une relation riche et complète. Votre bébé apprendra que vous êtes toujours disponible, que vous pouvez faire disparaître le déplaisir et faire apparaître le plaisir.

Le sevrage, pour des raisons objectives – reprise du travail après le congé de maternité –, sera le plus souvent amorcé vers l'âge de 2, 3 mois. C'est une période difficile pour l'enfant et sa mère, car les liens tissés sont déjà très forts et la séparation pose souvent de petits problèmes : l'enfant ne veut pas de tétine et ne veut pas du lait en poudre reconstitué.

Essayez de faire donner une petite quantité d'eau au biberon par le père à partir de l'âge de 1 mois, 1 mois 1/2. Ce sera l'occasion d'habituer l'enfant à téter au biberon, et de l'habituer à son père, à son odeur, à sa façon de le prendre, de lui parler. Le passage au biberon en sera, le moment venu, facilité.

ALLAITEMENT ARTIFICIEL

Pour des raisons professionnelles ou personnelles, l'allaitement maternel n'est pas toujours possible. Vous craignez de ne pas pouvoir « y arriver », entre des aînés qui demandent votre présence, le travail à reprendre, les soucis personnels... Ou, tout simplement, vous n'avez jamais imaginé offrir ce type d'allaitement et vous ne le souhaitez pas...

Il est alors peu recommandé de vous laisser persuader, au dernier moment et à contrecœur.

Les liens tissés avec votre bébé ne seront pas de moins bonne qualité. Une mère sait toujours, spontanément, trouver les mots, les rythmes et les gestes qui apporteront au bébé chaleur et amour.

CLASSIFICATION DES LAITS INFANTILES

Les progrès en diététique infantile sont rapides et importants. Les laits infantiles sont élaborés de façon sophistiquée pour permettre un développement de poids et de taille harmonieux, mais aussi pour proposer des solutions personnalisées à chacun des bébés dans les cas de régurgitations, vomissements, ralentissement de transit, intolérances passagères, intolérances vraies aux protéines de lait de vache, diarrhée, etc. Il n'est donc pas possible de donner une liste exhaustive. On dénombre à ce jour environ 138 laits différents.

LES LAITS POUR PRÉMATURÉS

Ils ne sont délivrés qu'en pharmacie (Pre Blédilait, Pre Gallia, Pre Guigoz, Pre Modilac, Pre Nidal).

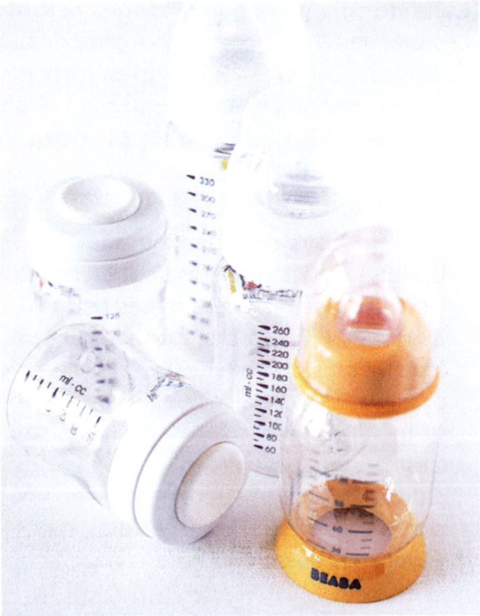

LES LAITS POUR NOURRISSONS DE 0 À 4 MOIS (LAITS 1ER ÂGE)

Laits simples de 1er âge

Ils correspondant pour l'essentiel à ceux utilisés naguère (Blédilait, Eufalac, Gallia, Guigoz, Mihumel, Modilac, Nidal, Novalac, Nutricia). Ils se trouvent en grandes surfaces pour la plupart.

Laits enrichis (prebiotiques-probiotiques)

Ces laits sont utilisés pour lutter contre les difficultés digestives, les coliques des nourrissons (Gallia lactofidus, Blédilait premium, Guigoz transit...).

Laits hypoallergéniques (vendus en pharmacie)

Ils sont utilisés dans les compléments d'allaitement au sein. Toutes les industries en proposent (Blédilait, Novalac, Guigoz, Gallia, Milunnel, Modilac, etc.).

Laits épaissis

Ils sont utilisés dans les régurgitations, reflux, vomissements. Ceux qui sont anti-reflux (AR) ne sont vendus qu'en pharmacie ; les autres, nommés « confort », sont vendus en grandes surfaces.

Laits de soja pour nourrisson-sans OGM

Les laits de ce type sont très à la mode aux États-Unis (20 à 25 % des enfants en prennent) tandis qu'en France, seulement 2 à 3 % des bébés sont élevés à ce type de lait.

Laits thérapeutiques

Les laits sans lactose, en cas d'intolérance au lactose ou de diarrhées aiguës (AL 110, Diargal, HN RL, Novalac Diarinova, O Lac, Modilac sans lactose), les hydrolypsats de protéines (Aspare, Galliagène, Prégomine, Nutra Migen, Pesti Junior, Préjestimil).
Ces hydrolysats de protéines sont utilisés dans les cas d'intolérances sévères aux protéines de lait de vache et dans certains traitements de dermatoses allergiques.

Laits riches en lactose

Aide à lutter contre la constipation (Modilac et Novalac transit).

Tous ces laits sont déclinés en laits de suite dans toutes les marques. Ce tableau des laits est extrêmement incomplet ; il existe aujourd'hui quelque 138 laits différents ! C'est dire si leur énumération serait fastidieuse !

LAIT DE VACHE FRAIS

Le lait de vache, autrefois largement utilisé dans nos campagnes, est de moins en moins prescrit. Il n'est en général recommandé qu'à partir de 12 mois.

APPRENDRE À CONNAÎTRE LE RYTHME DE SON BÉBÉ

Au cours de l'allaitement par lait industriel, la meilleure attitude consiste, dans une première période de six à huit semaines, à vous laisser aller aux demandes du bébé. Certains réclament fréquemment de petites quantités ; d'autres au contraire, gros dormeurs, prennent de plus gros biberons, mais moins souvent. L'alimentation sera basée sur la liberté des rythmes. Mais parfois, cette liberté sera, instinctivement et tendrement, surveillée.
Le rythme peut être variable, en effet. Un premier enfant réglera seul ses horaires, et vous serez là pour répondre à sa demande, à ses appels. Parfois, il sera très irrégulier dans ses horaires et dans les quantités ingérées, aggravant ainsi votre inquiétude. Gardez-vous alors d'écouter trop les conseils de votre entourage. Fiez-vous à votre instinct, car vous êtes la « spécialiste » de votre enfant.

LES 3 PREMIERS MOIS...

Comment se passe la journée d'un bébé dans les deux ou trois premiers mois?

Les premiers temps sont très calmes. Il passera beaucoup de temps à dormir mais vous le retrouverez souvent pour le faire téter. Une fois par jour, vous pourrez lui donner le bain. Il vaut mieux le remettre à plus tard que de le donner par « obligation hygiénique », rapidement, dans un créneau horaire mal placé. L'heure du bain n'a pas beaucoup d'importance, c'est la qualité du temps accordé qui est importante.

Certains bébés hurlent au déshabillage et au bain. Est-ce le souvenir d'un déshabillage nerveux, ou simplement maladroit? Ou le souvenir d'une température mal supportée, d'un gant de toilette trop froid? Si votre bébé n'aime pas le bain, il faudra, pendant quelques jours, se contenter d'une toilette succincte.

Les sorties non plus ne sont pas indispensables. Votre bébé est bien tranquille, sa chambre convenablement aérée, il est calme, ses désirs sont vite compris et assouvis... et vous comptez le promener. Vous allez donc le changer, le couvrir, le descendre, l'installer dans sa poussette... Il ne comprend pas grand-chose à tout ce remue-ménage... Le bénéfice qu'il retire de ces petites promenades ne paraît pas évident mais elles ne sont pas interdites si chacun y trouve son compte, c'est-à-dire un plaisir partagé.

UNE JOURNÉE EN ALLAITEMENT MATERNEL

Il faut accorder une liberté totale à l'enfant si la mère est totalement disponible. La mère, l'enfant... et la lactation vont s'adapter parfaitement les uns aux autres.

Fréquence d'allaitement

En principe, dans le courant des 15 premiers jours, le bébé réclamera sept à huit tétées réparties sur 24 heures (deux tétées, souvent, dans le courant de la nuit). Puis la lactation augmente, l'enfant prend mieux et davantage. Il ne réclamera la tétée qu'une seule fois dans le courant de la nuit, et six fois dans le courant de la journée (dans cette répartition, que les tétées de 6 heures et de 22-23 heures sont des tétées de « jour »). Ce rythme est maintenu pendant 1 mois 1/2 environ. Parfois, à ce moment-là, le bébé dort un peu plus longtemps entre les tétées, et ne réclame ses biberons que cinq fois (entre 6 heures et 23 heures) et une fois dans la nuit. Enfin, vers 2 mois, 2 mois 1/2 pour les plus voraces, tout le monde dort la nuit.

Certains nourrissons réclament peu souvent, dorment beaucoup et passent spontanément à un petit nombre de tétées. Il faudra respecter ce rythme. Les tétées seront alors longues, profondes et importantes. Sachez reconnaître déjà le caractère de votre bébé!

Les petits problèmes de l'allaitement

En allaitant votre bébé, de petits problèmes peuvent se poser. Certains jours, vous avez l'impression que la lactation est insuffisante, les « montées de lait » moins importantes. Il se réveille plus souvent, semble insatisfait. Il faudra alors et pendant 24 ou 48 heures,

Faut-il peser un bébé?

Si les repas se passent bien, si votre enfant est calme, tranquille, s'il dort bien, si un rythme régulier est vite établi, cela suffit. Il paraît plus intéressant d'avoir une photographie de son bébé qu'une courbe de poids!

Les mères inconditionnelles de la pesée peuvent peser leur bébé, mais une seule fois par semaine. Il faut savoir qu'il n'existe pas de prise de poids standard, si tout vous paraît normal par ailleurs.

Ces conseils sont également valables pour une mère qui allaite et ne voit pas les quantités absorbées par son bébé : au terme d'une tétée qui a duré une demi-heure, si le bébé sourit, gazouille et s'endort, la quantité prise est tout à fait suffisante!

lui présenter le sein à la demande, aussi souvent que nécessaire. Un rythme nomal d'allaitement s'installera à nouveau spontanément.

Alimentation de la maman

Certaines mamans qui allaitent se demandent si elles doivent suivre un régime particulier. Elles doivent surtout avoir un rythme très régulier, une alimentation saine, équilibrée, comportant des laitages, et excluant, bien sûr, tout alcool. Il semble que certains légumes comme le chou, le chou-fleur, donnent un goût particulier au lait : c'est possible, mais voilà un détail que l'on ne peut pas confirmer. Il faudra que vous en fassiez vous-même l'expérience, et la réponse vous sera apportée par votre bébé. Il en est souvent ainsi : seuls vous et lui pourrez apporter une réponse aux questions posées !

UNE JOURNÉE EN ALLAITEMENT ARTIFICIEL

Les biberons de lait sont reconstitués à raison de 1 mesure pour 30 g d'eau, ou 1/2 mesure pour 15 g d'eau.

Lorsqu'il sort de la maternité, un bébé prend environ 75 g d'eau + 2,5 mesures de lait par biberon. Dès le retour à la maison, il faudra être totalement disponible pour qu'il s'adapte à son environnement, et pour apprendre à connaître le rythme naturel de l'enfant.

Habituellement, bébé se réveille et réclame son biberon toutes les 2 heures 30 à 3 heures. Vous lui présenterez son biberon ; au début, il prendra lentement, ne finissant pas toujours les quantités proposées. Puis, les biberons seront terminés rapidement, et l'enfant semblera chercher un petit complément. Augmentez donc chacun de ses biberons de 15 g d'eau + 1/2 mesure de lait ! Il prendra alors la quantité nécessaire à ses besoins, et parfois, ne terminera plus ses biberons. Puis, de nouveau, il les terminera rapidement. Augmentez alors ses rations dans les mêmes proportions. Et ainsi de suite...

Votre bébé nourri au biberon suivra, dans les rythmes, la même évolution que son petit camarade élevé au sein : huit prises par jour au début, puis sept (six dans la journée, une la nuit) vers 3 semaines, 1 mois.

Écart entre les biberons

Il vaut mieux, en allaitement artificiel, respecter un écart de 3 heures à 3 heures 30 entre deux tétées. Si votre bébé se réveille plus tôt que prévu, prenez-le, parlez-lui, changez-le. Vous vous rapprocherez ainsi de l'heure habituelle, en essayant de ne lui donner son biberon que 2 heures après le précédent. Au contraire, s'il dort beaucoup dans la journée, vous essaierez de le réveiller doucement et progressivement s'il y a plus de 4 heures 30 qu'il a commencé le biberon précédent.

Il va faire sa nuit

Vers l'âge de six à sept semaines, la plupart des enfants acquièrent un rythme nycthéméral (c'est-à-dire qu'apparaissent des différences de sommeil entre le jour et la nuit : sommeil plus bref dans la journée, prises plus rapprochées ; sommeil plus long pendant la nuit, sans prise de biberon). Ils dorment alors de 23 heures à 6 heures et prennent, dans leur journée commencée tôt, terminée tard, cinq biberons. Les rations seront alors augmentées selon leurs besoins : 135 g d'eau + 4,5 mesures de lait, ou 150 g d'eau + 5 mesures de lait, ou même, parfois, 165 g d'eau + 5,5 mesures de lait.

L'organisation du sommeil est extrêmement importante. Il existe une grande augmentation de l'état de veille entre les premiers jours et le deuxième mois (l'état de veille passe de 5 heures à 8 heures), et la période de sommeil continu la nuit double dans les 3 ou 4 premiers mois. Ces changements quantitatifs très importants auront beaucoup d'influence sur les échanges avec l'entourage et le rythme des repas.

Tâchez, pendant ces premières semaines, de répondre aux demandes de votre enfant. Ainsi il saura que, quels que soient ses désirs, il y a toujours quelqu'un pour les satisfaire.

LA STÉRILISATION DES BIBERONS

Lorsqu'un bébé naît, il est très vulnérable ; son système de défense contre les microbes est encore bien fragile. Il est donc habituel de bien nettoyer et stériliser les tétines et biberons qu'il portera à sa bouche. (Il est à noter que, lors de l'allaitement maternel, le colostrum sécrété les premiers jours par les seins va assurer naturellement cette protection en créant une défense immunitaire.) La stérilisation peut être recommandée jusqu'à 2 ou 3 mois. Certaines mamans préfèrent continuer au-delà.

STÉRILISATION À CHAUD

Les biberons (généralement au nombre de sept : six grands et un petit) doivent être bien nettoyés à l'aide d'un écouvillon spécial, sans oublier les cannelures du pas de vis et de la bague.

Les tétines (pour lesquelles il existe un écouvillon encore plus petit, mais on peut les retourner sur un doigt) et les cache-tétines doivent être, eux aussi, soigneusement lavés.

Ensuite, remplissez les biberons d'eau, fermez-les et rangez-les dans le panier métallique prévu à cet effet, en plaçant le biberon le plus petit au milieu. Placez le panier dans la cuve ou stérilisateur à biberons, avec environ 2 litres d'eau, fermez et portez à ébullition pendant 20 minutes. Prélevez les biberons au fur et à mesure des besoins. L'appareil est prévu pour que vous n'ayez à effectuer qu'une seule stérilisation quotidienne.

Enfin, vous pouvez stériliser les biberons par petites quantités (un ou deux), dans une simple casserole d'eau, mise à bouillir pendant 20 minutes. Cette méthode évite d'avoir à acheter beaucoup de biberons, mais elle est fastidieuse, car elle oblige à effectuer plusieurs stérilisations (trois ou quatre) dans la journée.

STÉRILISATION À FROID

Une autre méthode consiste à diluer une pastille de chlore dans un bac spécifique rempli d'eau, afin d'obtenir une solution antiseptique (procédé Milton). Il suffit de plonger les biberons nettoyés dans cette solution : ils sont stérilisés au bout de 1 heure 30. Le bain étant efficace pendant 24 heures, prélevez les biberons au fur et à mesure des besoins.

Cette méthode est plus pratique que la stérilisation à chaud car elle ne nécessite aucune surveillance. Malgré tout, elle est onéreuse, et surtout, une désagréable odeur de chlore persiste dans les biberons, même rincés à l'eau minérale ou bouillie. Certaines mamans assurent que cela ne gêne pas leur bébé. Il est vrai qu'à cet âge il ne s'en trouve pas beaucoup qui aient assez de vocabulaire pour affirmer le contraire !...

Quelle que soit la méthode utilisée, les biberons doivent toujours être lavés immédiatement après la tétée.

Les tétines

Il en existe de trois sortes : à percer (vous faites vous-même le trou avec un petit instrument spécifique), pré-percées avec un trou plus ou moins gros selon l'âge du bébé (1er ou 2e âge), pré-percées à débit variable : toute une gamme de trous est percée sur la même tétine, il suffit de faire pivoter le biberon d'un quart de tour pour obtenir le débit désiré.

Il est judicieux d'en posséder plusieurs sortes, surtout vers 2 mois 1/2, 3 mois, quand bébé commence à prendre des biberons plus épais.

LA TEMPÉRATURE DES BIBERONS

La température idéale est la température ambiante et, à la limite, il n'est pas nécessaire de réchauffer les biberons (à condition, toutefois, que le lait ne sorte pas du réfrigérateur !).

Cependant, la plupart des bébés apprécient que leur biberon soit tiède, ou même un peu plus chaud.

Pour faire réchauffer les biberons, vous avez le choix entre trois méthodes : le bain-marie, le chauffe-biberons électrique et le micro-ondes (30 secondes à puissance maximale).

On considère généralement que la température à respecter est de 37 °C. Sachez toutefois qu'il vaut mieux un biberon trop froid qu'un biberon trop chaud ! Attention notamment au micro-ondes, qui peut réserver des surprises. Soyez donc très vigilante et testez la température du biberon en faisant tomber préalablement quelques gouttes de lait sur le dos de la main.

Que penser de la sucette ?

Il existe des enfants dont le besoin de téter est très grand. Ils ne se calment qu'au sein ou au biberon, et pleurent dès que la succion est terminée. Pourtant les rations prises semblent suffisantes ! Que faire ? Proposez la sucette, dont ils sauront bien se défaire (cependant, évitez les collections de sucettes, l'enfant prenant plus tard l'habitude d'en avoir toujours une dans la poche, une qu'il gratte dans sa main libre, pendant qu'il tète la troisième !).

LE SEVRAGE

C'est l'arrêt de l'allaitement maternel et le passage à une alimentation différente (lait industriel, lait de vache, aliments autres que lactés). La période du sevrage dépend pour une large part du niveau socio-économique du pays. Par exemple, dans les pays à faibles ressources alimentaires et à densité de population importante, comme l'Inde, le sevrage a lieu très tard. En revanche, dans les pays industrialisés, il se fait beaucoup plus tôt, pour des raisons complexes : culturelles, socio-économiques, etc.

Le sevrage peut avoir lieu brutalement, par exemple à la suite d'une maladie de la mère ou d'un choc émotionnel très important qui peut arrêter totalement la lactation.

Heureusement, le sevrage a le plus souvent lieu dans une atmosphère détendue.

Le sevrage doit être lent et progressif, et ne doit poser de problèmes ni à la mère, ni à l'enfant. Pour que cela se passe bien, il faut que la mère soit convaincue de cette nécessité.

Les mères doivent savoir que certains médicaments passent dans le lait maternel : la plupart du temps, les médicaments utilisés pour une maladie aiguë passent en quantité minime et n'affectent guère l'équilibre du nouveau-né... Mais il importe de rappeler au médecin qui vous traite que vous allaitez. Ceci est valable également pour les contraceptifs.

La manière de réaliser le sevrage dépend de l'âge auquel vous aurez décidé de le faire. Vers l'âge de 1 mois 1/2, 2 mois, l'allaitement est complété par un aliment lacté en poudre ; c'est l'allaitement mixte (le plus souvent, le lait choisi est un lait hypoallergénique).

Au-delà de 4 mois, l'allaitement sera complété par des aliments autres que le lait.

SEVRAGE VERS 1 MOIS 1/2, 2 MOIS

Il faut familiariser le bébé avec la tétine et cela sera plus facile si, comme nous l'avons déjà dit, le père a présenté parfois un biberon d'eau au bébé.

Chaque jour, vous lui présenterez pendant 10 minutes environ un biberon de lait. Le plus souvent l'après-midi, période où la lactation est un peu moins importante. Il va peu à peu s'habituer à la tétine, au lait. Il est préférable que ce soit quelqu'un d'autre que la mère qui lui propose ce biberon (père, grands-parents…). Si la mère reste très proche, le bébé ne comprend pas pourquoi on lui propose ce « machin » alors que la maman est là ! Il s'agitera alors, se mettra en colère et repoussera le biberon. Au bout de quelques jours d'adaptation, le bébé acceptera la tétine, et un biberon complet de lait.

Vous pourrez alors remplacer une tétée par un biberon de lait. Votre lactation va, elle aussi, s'adapter à ce nouveau rythme. Au bout de cinq à six jours de cette alimentation, vous pourrez remplacer une autre tétée par un biberon, etc.

Pour éviter une rupture trop brutale, il faut pratiquer le sevrage sur plusieurs semaines (trois ou quatre) et, si cela est possible, poursuivre un allaitement mixte (sein + biberon) même après la reprise du travail. Mais il semble intéressant, pour chacun, que la mère puisse, avant de partir au travail, donner la première tétée de la journée, et que, à son retour, mère et enfant se retrouvent pour une deuxième tétée. Peu à peu, ces deux tétées seront de moindre importance, la quantité de lait insuffisante et le complément nécessaire. Et alors, d'un commun accord, le sevrage sera terminé.

Pour compléter l'allaitement au sein, on conseille l'utilisation de laits diététiques hypoallergéniques (ou HA) uniquement vendus en pharmacie, ou, s'il y a des raisons médicales précises, des solutions diététiques beaucoup plus élaborées.

SEVRAGE VERS 4 MOIS

Faut-il réellement sevrer à cet âge un bébé ? Cela n'est pas obligatoire, et certaines mamans ne l'envisagent guère avant le 6e mois. Jusqu'à 9 mois, un bébé peut se contenter parfaitement de lait. Cependant le sevrage peut être amorcé sans inconvénients : commencez par présenter à votre bébé 2 petites cuillères de compote après le biberon de l'après-midi. S'il aime vous pourrez continuer, sinon recommencez quelques jours plus tard.

À partir de 4 mois, vous pouvez aussi proposer des légumes : petite purée de légumes à donner soit à la cuillère après le biberon du midi, soit en petite quantité mélangée au lait.

Dans ce type de sevrage et à cette période, vous pourrez aussi, selon vos possibilités et votre désir, continuer à donner le sein le matin et le soir (ou en fin d'après-midi), jusqu'à obtenir un sevrage complet.

DIVERSIFIER L'ALIMENTATION

La diversification des aliments correspond à l'élargissement du régime alimentaire de l'enfant, régime alimentaire qui était jusqu'alors essentiellement lacté.

LA MÈRE PROPOSE, L'ENFANT CHOISIT

L'enfant ne peut pas choisir son alimentation, elle lui est imposée. C'est donc à l'adulte de lui proposer des aliments divers. Ne croyez pas qu'il suffise de proposer un nouvel aliment pour qu'il soit accepté. Si votre bébé le refuse, vous recommencerez une autre fois, quelques jours plus tard. Car le refus du bébé, motivé par ce goût qui le surprend, qui rompt avec l'habitude, ou qu'il n'aime pas, peut se transformer en plaisir de gourmet quelques jours plus tard. Simplement, il n'était pas prêt!

Au début de la vie, l'équipement enzymatique digestif et les procédés d'épuration de l'organisme (le foie, mais surtout les reins), ne sont pas prêts à métaboliser, à utiliser et à rejeter les déchets de toutes sortes d'aliments. Ne proposez pas trop d'aliments d'un coup, et préférez les petites quantités. Vous devrez donc varier progressivement l'alimentation, et ne pas rajouter tous les goûts nouveaux dans la même journée. Laissez-le libre d'accepter ou de refuser ce nouvel aliment.

La diversification alimentaire est intéressante, mais non nécessaire, et il faut savoir s'adapter. Un refus n'est pas important, ce n'est pas un échec. Vous recommencerez un peu plus tard.

QUAND PROPOSER AUTRE CHOSE

Jusqu'à 4 mois, le lait est essentiel et suffisant. Le lait maternel apporte tout ce qui est nécessaire à son développement. Les aliments lactés diététiques ou le lait en poudre sont donnés lorsque la mère n'a pas opté pour l'allaitement au sein. Il existe différents types de laits infantiles. Pour choisir celui qui est le mieux adapté à votre enfant, consultez votre pédiatre (voir aussi page 10).

3 MOIS 1/2 - 4 MOIS

Pour la plupart des enfants, la diversification réelle peut être proposée à partir de 3 mois 1/2, 4 mois. On peut alors proposer plusieurs types de saveurs:

- les compotes (fruits cuits) à la saveur légèrement sucrée;
- les légumes à la saveur plus amère;
- les farines sans gluten et sans additifs, qui peuvent être utilisées en petites quantités dans le biberon du soir, mais leur utilisation n'est pas obligatoire.

En lui proposant ces goûts différents, vous saurez quelle est la tendance alimentaire de votre enfant: il préfère la soupe, ou la compote, ou il aime tout... ou il n'aime rien et se contente parfaitement des biberons de lait!

Cette diversification doit être très discrète, très progressive, et s'adapter au plaisir du bébé. Vous saurez vite si le nouvel aliment lui plaît un peu, beaucoup... passionnément ou pas du tout! Surtout, ne vous entêtez jamais, devant un refus passif ou hyperactif, à poursuivre une diversification dont vous aurait parlé le pédiatre.

Ne rien précipiter

Parfois, les petits acceptent fort bien une alimentation diversifiée pendant quelques jours, quelques semaines. Puis, une certaine lassitude, une certaine aversion apparaissent: l'enthousiasme n'est plus si franc, les biberons de soupe sont longs à donner, l'enfant s'ennuie, s'arrête, lâche sa tétine et sourit... ou pleure et se fâche. Les adultes ne comprennent pas et pourtant le diagnostic est simple : il en a assez de cette soupe, de ce repas amer ou légèrement salé… Il faudra arrêter et revenir à des biberons lactés, doux et sucrés, faciles à prendre, dans les bras de maman. Le bébé oubliera sa soupe et la retrouvera plus tard avec beaucoup de plaisir.

Lorsque votre bébé est habitué à la soupe, aux compotes, il a acquis un rythme qui est celui de la famille, ou peu s'en faut. Prenant un biberon de lait au réveil, vous lui donnerez à midi une soupe (au biberon ou à la cuiller), complétée d'un petit dessert ou d'un biberon de lait.

À 16 heures, il prend un goûter, parfois complété d'un peu de lait. Le soir, vous le coucherez après lui avoir donné un biberon de lait auquel vous pourrez ajouter 1 cuillère à café de céréales.

5 À 6 MOIS

Il faut diversifier d'une manière beaucoup plus précise et affinée. Ne pas toujours donner la même soupe que la veille ; proposer des repas de couleur, d'aspect et de goût différents, forme le goût de l'enfant. Vous pouvez ainsi lui offrir une purée de haricots verts, de citrouille, d'épinards, d'abord adoucie avec un peu de pomme de terre ; bientôt, s'il adore tel ou tel plat, vous pouvez essayer de le lui présenter mixé en purée nature.

Introduction de la viande

Vers l'âge de 6 mois, votre bébé a déjà goûté toutes sortes de légumes et de compotes, et il prend régulièrement quelques laitages (yaourts nature, fromage blanc, petits-suisses) légèrement sucrés ou mélangés à de la compote. On peut alors introduire deux à trois fois par semaine, ou pour simplifier, tous les deux jours, une petite quantité de viande.

Il s'agit toujours de petites quantités qui seront mixées dans la purée de légumes : 20 g environ, c'est-à-dire l'équivalent de 2 à 3 cuillerées à café.

Au début, on conseille des viandes blanches : volaille, veau, maigre d'agneau. On introduit ensuite le bœuf puis le jambon blanc. Tout ceci n'est pas obligatoire, ce sont des propositions.

Les petits retours en arrière

Parfois, un bébé est malade : petit rhume, poussée fébrile, selles un peu molles, poussée dentaire. Il va donc bouder les repas présentés, comme un adulte enrhumé, moulu et dolent, qui n'a guère envie de prendre un repas normal et se contente d'une tisane. Il faut lui présenter une alimentation qui fasse un petit saut en arrière : s'il ne veut plus de soupe ni de purée, il prendra bien un biberon de bouillie ; s'il ne veut plus de laitage à la cuiller, il prendra bien un biberon de lait, etc. Il faut le savoir, le deviner, l'accepter et ne pas s'en inquiéter. Cette petite diète durera quelques jours. La bonne santé revenue, bébé retrouvera très vite son bel appétit et son alimentation normale.

9 À 12 MOIS

Vers le neuvième mois, votre bébé a fait des progrès importants : il se retourne, reste assis, tantôt sur une couverture, tantôt sur une chaise haute. Il mange ses principaux repas à la cuiller et dort beaucoup moins.

Il goûte un peu à tout

Il reste donc tout près de vous, sur sa chaise, pendant que vous prenez votre repas. Il est très intéressé par ce qui se passe autour de lui et très souvent montre du doigt les plats qui passent. Il ne faut pas lui refuser grand-chose, car il ne mange pas beaucoup, mais cela l'occupe et lui donne l'impression de faire partie de la famille !

Il a grand plaisir à goûter tous vos plats : morceau de pomme frite, haricots verts entiers, petits morceaux de viande, morceau d'omelette, de fromage… Il ne fait pas un repas, bien sûr, mais vous allez ainsi découvrir son comportement, ses goûts, ses dégoûts, ses aversions, ses plaisirs…

Les « petits pots »

D'une façon générale, leur emploi ne pose aucun problème. Ils permettent une « cuisine » rapide, sans souci, parfaitement adaptée au mode de vie actuel mais essayez de les réserver aux situations particulières (voyage, journée chargée, période de l'année où les fruits et légumes ne sont pas très variés).

Les petits pots de légumes, mélangés ou non à des viandes ou poissons

Ils sont confectionnés avec beaucoup de soin, et parfaitement équilibrés. Leur goût peut rebuter certains enfants qui n'y sont pas habitués. Mais les progrès réalisés dans ce domaine sont surprenants et il existe une très grande palette de saveurs. Ils peuvent être utilisés ponctuellement ou pour rajouter tels légumes hors saison. Cependant ils suppriment toute la préparation du repas et l'atmosphère particulière d'une cuisine à l'heure du repas. Il faut faire des souvenirs à l'enfant... L'ambiance d'une cuisine en effervescence est inoubliable.

Les petits pots de fruits et jus de fruits

Ils ont l'inconvénient d'être très sucrés et d'habituer ainsi les enfants à une alimentation riche en sucres rapides. Ils peuvent être utilisés en hiver pour varier les goûts, pour sucrer un yaourt, un petit-suisse, etc. Quant aux jus de fruits, ils peuvent servir d'appoint l'hiver, au petit-déjeuner ou au goûter, en l'absence de fruits frais.

Peu à peu, dans le courant du quatrième trimestre, vous arriverez à présenter à votre bébé des repas qui ressemblent à ceux de la famille : il faut peut-être qu'ils soient moins relevés, mais surtout, apprêtés plus spécialement pour lui... Mais n'allez pas croire qu'il faille donner encore une alimentation mixée. Vous pourrez désormais, même si l'enfant n'a pas beaucoup de dents, écraser les aliments à la fourchette, les séparer et ne plus les mélanger... Peu à peu, il s'habitue à cette alimentation plus grossière, et fait l'effort de mastiquer. Et petit à petit, vous n'aurez plus guère de cuisine spéciale à lui faire...

Le temps passe et, au terme de la première année, un bébé marche. Il a goûté à toute la cuisine habituelle de la famille, il reconnaît ses rites alimentaires. Il n'y a plus aucun interdit. Il peut désormais passer à table avec tous : c'est un grand !

Les irréductibles

Certains enfants refusent cependant toute diversification, et cela tout au long de la première année. Cela n'a vraiment aucune importance.

C'est entre 9 et 12 mois que ce bébé varie son alimentation : il change ses habitudes alimentaires petit à petit, en voulant imiter ses parents lorsqu'il est assis à table avec eux : il goûte à tous les plats, au début en petite quantité, puis de mieux en mieux, de plus en plus. Mais il garde encore souvent ses biberons lactés. Il faut, bien sûr, les lui laisser et il les abandonne dans le courant de la deuxième année, à son rythme, selon ses désirs.

Pour les inconditionnels du biberon

Les premiers mois, vous n'aurez sans doute pas de mal à donner à votre bébé des soupes fluides au biberon. Mais, vers 9 mois, quand elles sont plus épaisses, si votre bébé ne se décide pas encore à manger à l'assiette (et il ne faut surtout pas l'y forcer), vous aurez probablement plus de difficultés, même avec une tétine à débit variable. Voici donc un petit truc : coupez simplement l'extrémité de la tétine aux ciseaux, de manière à obtenir une ouverture de la taille d'une punaise. Votre bébé est rassuré de voir son biberon familier... et il s'énerve moins (et vous aussi) en tirant sur sa tétine ! Gardez-lui quand même une tétine normale pour ses biberons de lait.

LE MATÉRIEL

Pour la préparation des biberons
• un stérilisateur à biberons;
• un lot de biberons et de tétines;
• un ou deux écouvillons pour le nettoyage des biberons;
• un chauffe-biberons.

Les ustensiles utiles pour la diversification
• le fouet à sauce:
indispensable pour lisser crèmes et bouillies.
• le mixeur-plongeant:
c'est le plus simple des mixeurs puisqu'il s'agit d'un bras muni d'un couteau, que l'on plonge simplement dans la casserole, ou mieux encore, dans le bol spécial. Il est idéal pour la préparation des soupes, des purées, des compotes et des mousses.
• le mini-robot spécial bébé:
conçu spécialement pour bébé, il hache le jambon, les légumes et tous ses premiers aliments. Son bol-mixeur est gradué en fonction de l'âge de l'enfant. Astucieux: quand le bébé grandit, le robot se convertit en petit hachoir pour les herbes et les fruits secs. En outre, trois petits pots hermétiques l'accompagnent et permettent la conservation au réfrigérateur.
• le robot mixeur:
plus imposant, c'est un bon investissement, car il vous permettra de préparer les repas de bébé et vous aidera pour toute la cuisine familiale. Imbattable pour les gâteaux, les soupes, les terrines et, d'une manière générale, pour toutes les préparations qui demandent à être hachées, battues ou mixées.
• le presse-fruits:
manuel ou électrique, il sert à presser le jus des agrumes.
• la centrifugeuse:
indispensable si vous désirez privilégier les vitamines dans l'alimentation de bébé, elle vous permet de composer de délicieux cocktails de jus de fruits et de légumes,

dès les premiers mois (et même dès la grossesse). Elle vous permettra également de retrouver la ligne après!
• le cuit-vapeur:
vous pouvez vous en passer, mais grâce à lui, vitamines et sels minéraux sont préservés. Il est idéal pour cuire les légumes et les poissons sans corps gras. Un simple panier-marguerite posé sur une casserole d'eau bouillante, collerette déployée, vous permettra de cuire la mini-portion de viande de votre bébé en lui préservant sa saveur et tous ses principes nutritifs.

LES ALIMENTS ESSENTIELS

LE LAIT

Le lait maternel est l'aliment idéal pour le petit bébé, car il est le seul à être parfaitement adapté à son organisme. Il apporte tous les éléments nécessaires à la croissance du nouveau-né, à la maturation de la muqueuse digestive, à la diminution des allergènes alimentaires.

En l'absence de lait maternel, on dispose pour les nourrissons de 0 à 4 mois de laits adaptés dits 1er âge. Des modifications importantes sont survenues en quelques années. Au-delà de 4 mois, le lait reste l'apport nutritionnel le plus important. Les laits de 1er âge sont remplacés par des laits de suite ou laits 2e âge.

À partir de l'âge de 1 an, ces laits du 2e âge peuvent être remplacés par des laits dits laits de croissance, enrichis en acides gras essentiels et en fer. Cependant, pour des raisons économiques, ils sont très souvent remplacés par du lait de grande distribution (le plus souvent, des laits stérilisés, laits UHT entiers ou demi-écrémés).

Dans les campagnes, beaucoup d'enfants sont d'ailleurs mis au lait de ferme à partir de l'âge de 9, 10 mois. Bien évidemment, il ne faut pas qu'ils soient allergiques et l'habitude, dans ces circonstances, est de faire bouillir le lait 20 minutes et de l'écrémer après refroidissement avant de le donner au bébé.

On considère généralement qu'un enfant doit boire 1/2 litre de lait chaque jour, mais s'il ne l'apprécie que modérément (biberon du matin seulement, par exemple), on peut le remplacer avantageusement par des laitages (yaourts, petits-suisses, fromage blanc, etc.) à 40 % de matières grasses, des fromages (fondus ou à pâte cuite pour commencer) ou des entremets et desserts à base de lait (semoule, floraline, tapioca, riz, crème anglaise, flan, etc.).
Vous pouvez aussi le donner associé à des céréales (corn-flakes, flocons d'avoine, rice-crispies, etc.) au petit-déjeuner: il passera peut-être mieux!
Pensez aussi à l'aromatiser pour varier les plaisirs (chocolat, chicorée, fraises ou framboises écrasées en coulis, carottes passées à la centrifugeuse, etc.) mais autant que possible, renoncez à la tentation des sirops qui habituent l'enfant à boire trop sucré!
Essayez aussi de lui présenter du lait froid (pas glacé) s'il ne l'aime pas chaud... ou vice versa!
Enfin, ne l'oubliez pas non plus dans les préparations salées (en nuage discret dans la soupe, dans les sauces telles que béchamel, etc.).
Pour votre bébé, choisissez de préférence un lait stérilisé ou un lait UHT, demi-écrémé.
Si vous habitez la campagne et que vous pouvez avoir du lait de ferme frais, faites-le impérativement bouillir 20 minutes et laissez-le reposer jusqu'à complet refroidissement pour pouvoir l'écrémer avant de le donner à votre bébé.

LES FARINES

Elles sont extrêmement nombreuses et très variées.
Avant l'âge de 6 mois, il ne faut utiliser que des farines sans gluten. On les introduit à partir de 4 mois dans le biberon du soir : 1 à 2 cuillerées à café, c'est-à-dire 5 à 10 g.
À partir de 6 mois, vous pouvez utiliser les farines avec gluten, instantannées ou à cuire, en variant les associations. Cela vous permettra, de lui faire découvrir des goûts aussi variés que celui du riz, du miel, des fruits, des céréales, des légumes, etc.

LES LAITAGES ET LES FROMAGES

Très vite (à partir de 5 mois environ), les laitages (yaourt, petit-suisse, fromage blanc, etc.) et les fromages frais – à l'exclusion bien sûr des salés (carré demi-sel par exemple), que vous proposerez un peu plus tard (entre 9 mois et 1 an) – peuvent intervenir dans l'alimentation d'un bébé, d'abord au goûter, puis comme dessert au déjeuner, et enfin, au petit-déjeuner, en appoint ou en remplacement du lait, dont ils ont sensiblement les mêmes propriétés.

Choisissez de préférence des laitages à 40 % de matières grasses.

Comme tous les produits laitiers, les fromages permettent de varier l'alimentation d'un bébé tout en lui apportant protéines, calcium et matières grasses. Ils font donc partie des aliments à privilégier. Commencez par proposer les plus doux d'entre eux (fromages fondus, pâtes cuites telles qu'emmental ou gruyère), en petites quantités, vers 5 ou 6 mois.

Vers 9 mois, vous pouvez donner des fromages au goût plus prononcé (roquefort par exemple) : si votre bébé n'apprécie pas, n'insistez pas, vous les lui proposerez à nouveau dans quelques semaines !

Enfin, ne donnez pas de fromage de chèvre (même frais) à votre bébé avant son premier anniversaire, car c'est un fromage vraiment très salé, et l'organisme d'un bébé n'a besoin que de très peu de sel !

Sachez aussi que chez certains enfants, le fromage peut provoquer des phénomènes d'allergie, allant de la petite rougeur autour de la bouche jusqu'aux vomissements. Si vous constatez une réaction de ce genre, parlez-en à votre pédiatre.

LES MATIÈRES GRASSES

Elles ne sont pas indispensables avant l'âge de 1 an. C'est dire avec quelle prudence et quelle parcimonie il faut les utiliser.

En raison de l'augmentation réelle des allergies à l'arachide, il faut bannir de l'alimentation d'un bébé l'huile d'arachide sous toutes ses formes (actuellement, plus aucun lait de bébé ne contient d'arachide). On peut cependant utiliser, à partir de l'âge de 9 mois, de petites quantités de beurre ou d'huiles végétales (comme l'olive) ou des mélanges équilibrés de plusieurs huiles végétales – mais sans arachide.

Il faut distinguer les matières grasses contenues dans les aliments (viandes, produits laitiers par exemple) et les matières grasses d'appoint (beurre, huile, crème fraîche, etc.) qui servent à la préparation ou à la cuisson des aliments. D'une manière générale, préférez les graisses d'origine végétale (huiles de maïs, tournesol, pépins de raisin) aux graisses animales et, dans la mesure du possible, ne consommez que très peu de graisses cuites (fritures, beurre de cuisson, etc.).

LES CÉRÉALES ET LE PAIN

Les céréales sont très riches en protéines végétales, en phosphore et en potassium, et comme par ailleurs elles se présentent sous de nombreuses formes (pain, pâtes, riz, semoule, etc.), elles permettent une grande diversification de notre alimentation. Étant donné leur grande teneur en glucides, il faut cependant éviter d'en consommer trop. Il est d'ailleurs curieux de voir que la majorité des mamans les boudent, tandis qu'une minorité d'entre elles – les plus « écologiques » – en imposent au contraire si souvent à leurs bébés qu'ils en deviennent « soufflés » ! Vous en déduirez facilement qu'il n'en faut ni trop, ni trop peu.

Vous pouvez les introduire dès 4 mois deux fois par semaine, sous forme de céréales puis au-delà de 6 mois, sous forme de semoule et de petites pâtes à potage,au-delà de 9 mois sous forme de vermicelles et de riz au lait. N'oubliez pas le pain – de préférence complet –, que votre bébé commencera à grignoter vers 8 ou 9 mois. À partir de 1 an, vous pouvez lui en donner

sans inconvénient une tranche à chaque repas, car il a une action régulatrice sur l'intestin.
Vous pouvez aussi proposer des céréales au petit-déjeuner, dès que votre bébé commencera à refuser son biberon matinal. Associées au lait, elles composent un petit-déjeuner idéal, et cette bonne habitude rendra service à votre bébé quand il sera en âge scolaire!
Sachez toutefois que certains bébés présentent une intolérance au gluten qui nécessite alors un régime particulier.

LES ŒUFS

L'œuf (notamment le jaune) est très riche en protéines, fer, phosphore, vitamines A et B. Énergétique et très nutritif (2 œufs = 1 steak), il est en outre beaucoup moins cher que la viande ou le poisson.
Un bébé peut commencer à manger de l'œuf à partir de 9 mois. La coutume veut que l'on commence à lui donner un peu de jaune d'œuf dur, alors qu'il n'y a aucune raison de ne pas le lui donner cru ou à la coque. Par contre, on ne donnera pas de blanc avant 1 an.
Un autre préjugé veut que l'œuf soit mal toléré, alors qu'il est au contraire très digeste. Il n'y a donc aucun inconvénient à donner de l'œuf à un bébé plusieurs fois par semaine (deux fois par exemple), à condition toutefois qu'il n'existe aucun précédent familial d'intolérance ni aucune forme de dermatose eczémateuse chez le nourrisson (les œufs peuvent en effet provoquer des phénomènes allergisants chez certains enfants).
Pour un bébé, il faut bien entendu toujours choisir des œufs dans la catégorie extra-frais, c'est-à-dire commercialisés dans les huit jours qui suivent la ponte.

LES POISSONS

Riches en protéines, en phosphore, en iode et en sels minéraux, les poissons sont bien plus pauvres en matières grasses que la viande, d'où leur intérêt évident.
Un bébé peut commencer à en manger vers 6 mois, en très petites quantités bien sûr. Commencez par lui donner du poisson blanc ou maigre (colin, limande, sole, merlu, cabillaud). Au-delà de 1 an vous pouvez lui donner des poissons gras (sardines, thon, saumon). Ils contiennent moins de matières grasses que la plus maigre des viandes.
Sachez toutefois que le poisson peut provoquer des phénomènes allergisants chez certains enfants (des vomissements, notamment), phénomènes qui disparaissent avec le temps (dans le courant de la deuxième année généralement). Dans ce cas-là, n'insistez pas: le meilleur remède est la patience!
Il va sans dire que le poisson donné à un bébé doit être d'une fraîcheur absolue.

LES VIANDES

Riches en protéines et en acides aminés, elles doivent cependant être proposées raisonnablement à un bébé!
Vers 5, 6 mois, commencez par mettre un peu de jus de viande (attention: ne confondez pas jus et sauce) dans la soupe de votre bébé. Progressivement, faites-lui goûter un peu de viande rôtie ou grillée, bien hachée

(vous pouvez aussi la faire cuire spécialement à la vapeur) : deux à trois fois par semaine est un bon rythme.

N'oubliez pas que la viande rouge (bœuf, agneau) et la viande blanche (veau) ont exactement la même valeur nutritive.

Ne donnez pas de porc (bien trop gras) avant 1 an… et pas du tout de viande de cheval, qui présente vraiment trop de risques de contamination !

Enfin, jusqu'à ce que votre bébé ait 7, 8 mois, faites toujours cuire sa viande à point.

Rappelons aussi que le steak haché doit être consommé impérativement dans les quelques heures qui suivent son achat, la meilleure solution étant, bien sûr, de hacher la viande à la maison, juste au moment du repas, surtout pour un bébé.

LES VOLAILLES

Vous pouvez commencer à donner du blanc de poulet rôti et haché (sans peau) à votre bébé dès 5 mois, puis du dindonneau, ou de la poule (bouillie). Vous introduirez progressivement des volailles au goût plus prononcé : pintade (vers 6 mois), canard (vers 9 mois), mais pas d'oie (trop grasse). Ne donnez pas non plus la peau.

Le lapin, quant à lui, pourra être proposé vers 8 mois ; bien sûr, pas de gibier !

LES LÉGUMES FRAIS

Riches en eau, en vitamines et en sels minéraux, ils sont également riches en cellulose, qui favorise le transit intestinal. Ils sont un atout précieux pour la santé d'un bébé. Beaucoup d'enfants n'en mangent pas suffisamment !

Sachez que la plupart des enfants qui n'aiment pas les légumes n'ont en fait pas été habitués à en manger quand ils étaient bébés, ou alors ont été élevés à la sempiternelle soupe poireaux-carottes-pommes de terre, qu'ils finissent par refuser (on se lasserait à moins), et avec elle, tous les légumes en bloc ! N'hésitez donc pas à proposer des légumes à votre bébé à partir de 4 mois, cuits, sous forme de soupe, mais de grâce, en diversifiant les goûts au maximum : citrouille, haricots verts, laitue, poireau. De mois en mois, élargissez l'éventail (betterave, carotte, courgette, artichaut, fenouil, tomate, céleri, etc.). Dans le courant du 6e mois, ces légumes – toujours bien cuits – pourront être proposés en purée adoucie par de la pomme de terre ou du fromage blanc à 40 % de matières grasses si le goût est trop fort.

Les crudités (carottes râpées, par exemple), à privilégier absolument dans l'alimentation des enfants, peuvent être proposées entre 10 et 12 mois.

N'oubliez pas non plus les herbes aromatiques (persil, cerfeuil, basilic, estragon, etc.), riches en vitamines et en sels minéraux et qui, très finement hachées, aromatisent un laitage à l'occasion !

Pensez aussi aux légumes passés à la centrifugeuse pour faire des jus pleins de vitamines qui séduisent presque toujours les bébés !

Les légumes doivent être d'une fraîcheur absolue, bien lavés (mais ne les laissez pas tremper car ils perdraient une bonne partie de leurs vitamines) et bien cuits (pour cette raison, mieux vaut les cuire à la vapeur, car ce mode de cuisson préserve leurs vitamines et leurs sels minéraux, même en cas de surcuisson).

Sachez enfin que la tomate et les épinards peuvent parfois provoquer de petits phénomènes allergisants (rougeurs au coin des lèvres, vomissements). Dans ce cas, attendez encore un peu avant de les proposer à bébé !

Carottes et épinards ont la propriété de fixer les nitrates des engrais agricoles et sont parfois – rassurez-vous, c'est vraiment tout à fait exceptionnel – responsables d'accidents de méthémoglobinémie dans les 6 premiers mois. Il vaut donc mieux surcuire ces légumes (environ 2 heures) si on veut les donner à bébé sans risque avant 6 mois !

LES LÉGUMES SECS ET LES FÉCULENTS

Ils apportent des protéines, du phosphore, du fer et des vitamines du groupe B. Ils sont également riches en fibres qui luttent contre la constipation. Toutefois, ils peuvent se révéler difficiles à digérer et provoquer des flatulences. Mieux vaut donc attendre que votre bébé ait 9 mois pour commencer à lui en proposer : lentilles, haricots, pois cassés prendront alors le relais des légumes frais une fois par semaine environ, en alternance avec le riz et les pâtes. N'en donnez pas plus souvent à votre bébé, même s'il les apprécie, car en quantités ils prédisposent à l'obésité.

LES FRUITS FRAIS

Les fruits jouent un rôle primordial dans l'alimentation d'un bébé car, dès l'âge de 2 mois 1/2, il peut commencer à prendre un peu de jus de fruit non sucré (orange par exemple) et un peu de compote de pommes très fluide. C'est donc par les fruits que votre bébé va commencer à explorer l'univers de la nourriture, et découvrir qu'il existe autre chose que le lait. Découverte émotionnelle capitale ! Habituez-le à en manger tous les jours, sous forme de jus (agrumes simplement pressés, ou fruits passés à la centrifugeuse) ou de compotes bien lisses car ils sont excellents pour sa santé : en effet, riches en vitamines, en sels minéraux et en cellulose, ils régularisent la fonction intestinale et sont indispensables à la croissance.
Commencez bien sûr par les plus doux, mais ne les sucrez pas. À peu près toute la gamme des fruits peut être proposée à un bébé dès l'âge de 4, 5 mois, sauf peut-être la rhubarbe (à cause de son acidité), à proposer vers 9 mois, et les figues (à cause de leur texture granuleuse), vers 10 mois. Les fruits au goût très prononcé (cerises, prunes par exemple) seront d'abord proposés en mélange avec du petit-suisse ou du fromage blanc. Les fruits exotiques ne sont pas indispensables jusqu'à 1 an.
Il va sans dire que les fruits servis à un bébé seront toujours sains, frais, et d'une maturité parfaite afin de ne pas irriter son intestin fragile. Ils seront lavés avec soin, et même pelés pour éliminer radicalement toute trace de pesticide.

LES FRUITS SECS

Très riches en protéines, les fruits secs (mais pas rances) peuvent être proposés vers 12 mois, en compote (abricots secs, pruneaux, noix de coco), à alléger avec du petit-suisse ou du fromage blanc. Ils peuvent aussi entrer dans la préparation d' entremets (dattes par exemple). Les figues sèches peuvent être goûtées telles quelles à partir de 1 an. Les amandes, noix et noisettes peuvent entrer modérément dans certaines préparations, de temps en temps. Les cacahuètes sont à bannir absolument.

LE SUCRE ET LES SUCRERIES

Il faut distinguer deux sortes de sucres :
• les sucres d'absorption lente (contenus naturellement dans les aliments tels que pain, céréales, légumes secs, pommes de terre, etc.),
• les sucres d'absorption rapide (sucre et sucreries).
Il est inutile de vouloir supprimer les premiers si l'alimentation est équilibrée, car l'organisme en a besoin, et surtout celui d'un bébé qui

est en pleine croissance. Par contre, les seconds, qu'on surnomme parfois « sucres cachés » (sucre, mais aussi pâtisseries, chocolat, bonbons, glaces, sodas, etc.), se transforment en graisse dès qu'ils sont en surcharge dans l'organisme. De plus, ils abîment les dents (même les dents de lait!).

Bien sûr, il n'est pas question de priver un bébé de dessert: fruits cuits ou crus (écrasés ou en jus), entremets, petits biscuits doivent figurer à son menu au même titre que les autres aliments. Il faut seulement veiller à ne pas lui en donner trop, et aussi, à les distribuer harmonieusement dans ses menus: ainsi, ne donnez pas le même jour des céréales au petit-déjeuner, un gâteau comme dessert, et du chocolat au goûter, surtout si, le lendemain, vous lui proposez successivement fromage blanc, yaourt et petits-suisses (mauvaise répartition des sucres, puis des matières grasses)! Autant que possible, alternez fruits, sucres et laitages.

Renoncez aussi à cette si mauvaise – mais pourtant si répandue – habitude qui consiste à lui donner un biscuit pour le faire tenir tranquille... ou pour le récompenser! Le dessert ne doit en aucun cas être valorisé, aux yeux de bébé, par rapport aux autres aliments, sinon vous mettez en marche un processus qui peut déboucher sur la boulimie au moment de l'adolescence... et sur l'obésité à l'âge adulte!

Le chocolat, riche en phosphore, potassium, magnésium, calcium et fer, est à préférer noir. Il peut aromatiser le lait ou les bouillies à partir de 9 mois.

Quant aux sirops, ils vous permettront peut-être d'apporter une touche d'exotisme à quelques desserts, de varier le goûter de votre enfant (quelques gouttes dans son lait par exemple) mais n'en abusez pas! Et bannissez-les absolument de votre table pendant les repas: c'est une très mauvaise habitude que d'apprendre à un enfant à boire sucré en mangeant! De toute façon, préférez les sirops « à l'ancienne », sans colorant ni conservateur.

Les bonbons sont, bien sûr, à proscrire formellement avant 18 mois!

LE SEL

Notre alimentation est beaucoup trop salée, c'est un fait acquis. Et l'on sait aussi qu'on prend goût au sel – comme au sucre, d'ailleurs – dès le plus jeune âge. En prévention (de l'hypertension artérielle, notamment), habituez votre bébé à manger peu salé. Ne salez pas sa nourriture les 6 premiers mois, et très modérément par la suite.
Pensez aux herbes aromatiques, qui relèvent un plat sans avoir besoin de le saler!

L'EAU

L'eau qui sert à couper les jus de fruits doit être une eau minérale très neutre.
Il existe un grand nombre de marques et il faut vérifier qu'elles sont « plates » (non pétillantes), faiblement minéralisées. De plus, il faut vérifier leur teneur en fluor pour qu'il n'y ait pas, par leur apport, une augmentation beaucoup trop importante de la quantité de fluor ingurgitée. En effet, certaines eaux contiennent moins de 0,10 mg/l de fluor (Pampara Volcania, Montagne

des Pyrénées), et d'autres peuvent en contenir plus de 0,50 à 0,60 mg/l et jusqu'à 4 mg pour certaines. Il vaut mieux choisir une eau classique.

PEUT-ON DONNER DES SURGELÉS ?

L'une des raisons majeures qui font hésiter les femmes à préparer des petits plats pour leur bébé, c'est le manque de temps. Ce n'est pas que la préparation d'une petite soupe ou d'une purée prenne tant de temps, mais il faut d'abord faire le marché – et il faut parfois aller dans plusieurs endroits différents pour trouver de beaux produits, sains et frais –, puis prendre le temps de bien les parer et les éplucher avant de les cuisiner. Alors, crions-le haut et fort : les produits surgelés sont une bénédiction pour ces mamans actives, notamment les légumes et les produits bruts tels que filets de poissons, blancs de volailles, etc. !

Du point de vue diététique

Lavés et blanchis aussitôt après la récolte, les légumes surgelés « bruts » ou les « mélanges pour potages » sont parfaitement sains, gorgés de vitamines et de sels minéraux.

Cuits à la vapeur, rapidement mixés et surgelés, les légumes surgelés « en purée » présentent toutes les garanties nutritionnelles voulues.

Du point de vue pratique

La présentation des légumes en grands sachets dans lesquels il n'y a qu'à piocher, ou encore des purées de légumes en mini-tablettes portionnables ou en galets permet de ne prélever que la quantité adaptée à l'enfant.

Du point de vue gustatif

Les légumes sont préparés dans des conditions optimales qui préservent intégralement leur saveur.

Exemples de produits surgelés

Haricots verts très fins, carottes en bâtonnets, carottes en rondelles, courgettes en rondelles, fleurettes de choux-fleurs, fleurettes de brocolis, purée de carottes, purée de pommes de terre, purée de céleri rave, purée de haricots verts, petits pois, purée de brocolis, potage aux légumes, potage Crécy, potage cresson-pommes de terre, potage tomate-basilic, potage aux deux légumes (courgettes, carottes), potage aux neuf légumes, potage de légumes aux céréales, potage de légumes Minestrone, potage aurore, printanière de légumes, poêlée de légumes, poêlée de légumes grillés, etc.

L'EAU POUR LA SOUPE

Les recettes de soupe proposées ici, sont préparées avec 3/4 de litre ou même 1 litre d'eau, ce qui peut paraître beaucoup pour un bébé. En fait, il y a trois raisons à cela :

- Les légumes destinés à un bébé devant cuire longtemps (1 à 2 heures), une quantité d'eau importante s'évapore.
- On sale toujours plus les plats que l'on fait pour une personne (paradoxalement même pour un bébé) que pour une famille. En effet, on met une pincée de sel dans la soupe d'un bébé... mais on n'en met pas une par personne dans la soupe des grands ! Or, habituer un bébé à manger salé compromet sa santé d'adulte et, alors qu'il faudrait s'en tenir à quelques grains, beaucoup de mamans ont la main lourde pour le sel (comme pour le sucre, d'ailleurs). Un volume d'eau plus important corrige donc un tant soit peu ce mauvais réflexe !
- Enfin, ce qui reste n'est pas perdu : tamisez le bouillon au chinois et, dès qu'il est froid, versez-le dans des petits cubes à glaçons, et mettez-les au congélateur. Quand ils sont bien pris, rassemblez-les dans une boîte ou dans un sac. Vous n'aurez plus qu'à en réchauffer quelques-uns (4 cubes = 100 g) pour un autre repas. Mais attention, abstenez-vous de le faire pour le bouillon d'épinards (risque d'oxydation), et faites-le dès que le bouillon est refroidi, sans attendre plus longtemps... sinon vous pourriez congeler du bouillon de culture en fait de bouillon !

LES INTERDITS

La plupart tombent sous le (bon) sens! Nous ne croyons toutefois pas inutile de les rappeler:

- l'alcool sous toutes ses formes,
- la viande de cheval (risque de contamination par les staphylocoques élevé),
- le foie de veau de batterie (risque de sensibilisation aux antibiotiques),
- la viande de porc (trop grasse) mais permise modérément à partir de 1 an, à condition qu'elle soit bien cuite,
- le gibier (goût trop prononcé pour le palais d'un bébé, et risques de contamination possible),
- les coquillages (moules notamment) mais quelques crustacés (crevettes, langoustines par exemple) sont permis s'ils sont d'une extrême fraîcheur,
- les poissons fumés et les conserves de poisson… mais thon au naturel et sardines à l'huile (sans peau ni arêtes) sont permis sans exagération à partir de 1 an,
- les fritures (trop grasses, bien sûr) mais quelques frites « chipées » aux grands ne sont pas un drame,
- les graisses de cuisson (prenez l'habitude de jeter le beurre et l'huile qui ont servi à cuire les aliments de bébé,
- le café, le thé,
- les boissons gazeuses (eau, sodas, etc.),
- le vinaigre et les condiments puissants (moutarde, cornichons, pickles, Tabasco, harissa, etc.) pour des raisons évidentes,
- les épices violentes (piment, poivre, etc.), ou tonicardiaques (réglisse par exemple),
- les cacahuètes, à proscrire absolument jusque vers 5 à 6 ans, à cause des risques d'étouffement (syndrome de pénétration),
- les bonbons, sucettes et autres confiseries: parce qu'un bébé peut s'étouffer… mais aussi parce qu'il consomme déjà bien assez de sucre comme cela!

RISQUES ALLERGIQUES

Certains aliments peuvent provoquer de petits troubles tels que rougeurs au coin des lèvres, vomissements, etc. Il est difficile de parler d'allergie: disons simplement que chez certains bébés, l'organisme n'est pas tout à fait prêt à assimiler des aliments riches en histamine ou en tyramine – ou histamino-libérateurs – et qu'il leur faut quelques mois, parfois un peu plus, pour s'adapter.

Aliments riches en histamine: fromages fermentés, saucisson sec, tomates, foie de porc, épinards, conserves (très variable), sardines, filets d'anchois.

Aliments histamino-libérateurs: poissons, tomates, fraises, blanc d'œuf, chocolat.

Aliments riches en tyramine: camembert, chocolat, gruyère, conserves de poissons, brie.

Chez les enfants à risque allergique, la contre-indication de tous les fruits secs (cacahuètes, amandes, noix, noisettes, noix de cajou) est essentielle. Il faut donc être très attentif à ces enfants lorsque les parents reçoivent des amis.

À SAVOIR

De petits problèmes liés à l'alimentation peuvent apparaître et inquiètent parfois les mères. Ce sont les petits troubles tels que hoquet, régurgitations, renvois, etc. La plupart du temps, ils ne sont pas graves. Cependant, s'ils sont violents ou répétés et persistants, il faut consulter le médecin qui, seul, peut faire la différence entre un petit ennui passager et une maladie. Ces petits ennuis sont l'expression d'une adaptation du tout-petit à une vie qu'il ne connaît pas: adaptation des capacités digestives au lait proposé, au rythme des repas, à leur volume, à leur durée, adaptation à l'environnement.

Le hoquet

Il survient fréquemment après les tétées, après une période de pleurs, etc. Il est dû à une distension de l'estomac. Il pourra être atténué et disparaître en mettant le nourrisson soit à plat ventre, soit en position verticale contre la maman. Il faudra faire faire un rot au bébé en lui tapotant doucement le dos, et en maintenant cette position quelques minutes.

Les régurgitations

Elles accompagnent souvent le rot, qui entraîne avec lui une petite quantité du lait ingéré. Elles ne sont pas graves, la plupart du temps. Si elles persistent, prenez l'avis de votre médecin qui jugera de la nécessité d'épaissir le lait ou d'en changer. Ces régurgitations sont souvent mieux tolérées par l'enfant que par la mère ! Mais elles disparaîtront peu à peu...

Les vomissements

S'ils surviennent accidentellement et rarement, ils peuvent souvent s'expliquer par une quantité trop importante de lait prise au cours de la tétée, par une manipulation trop « rigoureuse » tout de suite après la tétée. Calmez votre bébé. Si les vomissements persistent, ou à plus forte raison, s'ils sont accompagnés d'autres signes (température élevée, perte de l'appétit, cris de douleur, diarrhée...), consultez immédiatement votre médecin.

Détecter une intolérance

De petits signes (coliques, vomissements, selles nombreuses, mal moulées, irrégulières, éruptions...) peuvent être l'expression d'une intolérance au lait. Seul, le médecin sera à même d'apprécier ces symptômes et vous conseillera utilement après vous avoir écoutée et après avoir examiné le bébé. Après 4 mois, au cours de la diversification des repas, certains aliments peuvent être mal supportés par l'enfant :

- légumes (épinards, tomates essentiellement) ;
- fruits (fraises) ;
- protéines animales (poissons, certains fromages, etc.).

Ayant introduit progressivement les aliments, vous saurez reconnaître ceux qui semblent mal supportés. Ne recommencez à les proposer à l'enfant que quelques semaines plus tard. Si les signes d'intolérance réapparaissent, retardez leur introduction jusqu'à 9-12 mois.

Lorsque le bébé est malade...

Sachez que parfois, à la suite d'une maladie bénigne (comme un rhume, une rhinopharyngite) ou plus importante (bronchite, otite), ou d'une hospitalisation, un bébé perd son appétit et ne veut plus reprendre l'alimentation qu'il avait auparavant. Il ne faut pas que cela vous inquiète.

Il faut alors lui présenter des repas très simples, faciles à prendre, revenir à une alimentation fluide, mixée, calorique tout en étant légère et facile à digérer. Pour le tout-petit, il faut souvent arrêter toute diversification, ne présenter que des biberons de lait (ou de produits diététiques spécialement étudiés pour ces périodes de maladie). Quand le bébé a recouvré une santé et un tonus parfaits, il reprend ses repas « d'antan » avec beaucoup de plaisir.

Si votre bébé a été hospitalisé, de retour à la maison, il devra tout d'abord être rassuré, savoir qu'il est guéri, que sa mère ne se séparera plus de lui. Présentez-lui au début ce qu'il préfère, avec beaucoup de souplesse et de calme. Alors, peu à peu, il va retrouver son appétit.

de 4 à 8 mois

DÈS 4 MOIS

C'est dans le courant du cinquième mois, où l'enfant est bien habitué à ses quatre repas, que pourra être entreprise la diversification alimentaire. Ceci n'est pas obligatoire si l'enfant est tranquille, souriant, ou si dans la famille existent de lourds antécédents d'allergies (alimentaires, cutanés, respiratoires...).

Si vous voulez essayer, vous pouvez introduire ces goûts nouveaux de plusieurs façons :

LES COMPOTES

Achetez des petits pots de compote (pommes au début) ou préparez vous-même cette compote avec des fruits pelés, peu ou pas sucrés, cuits et mixés très finement. Présentez-la dans l'après-midi, à la cuiller après le biberon ou au biberon après l'avoir légèrement diluée avec un peu d'eau. Au début, les quantités sont minimes (20 g environ) car elles servent de test. S'il n'aime pas, on en reste là. S'il semble y prendre goût, on pourra continuer à lui présenter cette nouvelle saveur chaque jour, et arriver à lui en donner 40 à 60 g.

LES LÉGUMES

Ici aussi, deux possibilités : acheter de petits pots de légumes préparés (« jardinières de légumes 1er âge » ou « printanières de légumes »), ou bien préparer vous-même une purée de légumes. Faites cuire à la vapeur carotte, salade, blanc de poireau, pomme de terre (qui servira de liant). Selon la saison, vous pourrez ajouter des haricots verts, de la citrouille. Mixez très finement les légumes cuits en purée. Vous pourrez conserver cette purée – pour ne pas avoir à la recommencer chaque jour – dans des bacs à glaçons (vous aurez ainsi des « cubes de purée » que vous pourrez décongeler).

À midi

Vous introduirez cette purée dans le biberon de lait, par exemple 180 g d'eau + 6 mesures de lait + 2 cubes de légumes (ou 30 g de purée). Chauffez, mélangez, présentez à votre bébé. Il peut ne pas aimer. Grimace, rejet en arrière, regard courroucé. Reçu 5 sur 5 : vous pouvez arrêter et vous recommencerez plus tard. L'enfant n'est pas prêt à cette diversification. Et elle n'est pas indispensable.

Par contre, s'il aime bien ce goût, vous pourrez peu à peu - chaque semaine, par exemple - épaissir en diminuant ce biberon de 30 g d'eau/1 mesure de lait et en augmentant la purée de 30 g. Peu à peu, ce repas sera de moins en moins lacté et de plus en plus riche en légumes.

Si votre bébé n'aime pas cette méthode, vous pourrez après quinze jours de poursuite d'une alimentation purement lactée reprendre l'essai de diversification mais sur un mode différent. Vous donnerez d'abord le lait, puis, aussitôt après, en « dessert », la purée de légumes à la petite cuiller. Il se peut que le petit bébé préfère ce mode d'alimentation.

LES CÉRÉALES

Elles peuvent être ajoutées dans le dernier biberon : elles seront sans gluten ni vanilline. Au début, il est suffisant de n'en rajouter que la valeur d'une petite cuillerée à café (5 g environ). Si l'enfant dort bien et longtemps, il n'est pas nécessaire d'ajouter des céréales le soir.

DÈS 5 MOIS

Votre bébé est bien habitué à son rythme de quatre repas, et s'il a bien apprécié la diversification, continuez de lui présenter :

Le matin, un biberon de lait.

Le midi

Une soupe lactée faite de quelques légumes classiques. Vous pourrez, au fil des semaines, augmenter la quantité de purée de légumes au fur et à mesure de la diminution du lait (par palier de 30 g d'eau pour 1 mesure de lait, par exemple). Vous pourrez ainsi arriver

Prenez le temps de diversifier

S'il n'a pas aimé, il ne faut absolument pas se faire de souci car vous avez encore beaucoup de temps devant vous pour renouveler cette expérience. Jusqu'à l'âge de 9 mois, un bébé peut n'aimer que le lait, ne prendre que du lait : il ne manquera pourtant de rien et la diversification se fera ultérieurement, par imitation, lorsque vous le mettrez à table avec vous. Il vous verra prendre des aliments nouveaux, et voudra alors faire comme vous.

à lui donner un biberon de soupe de légumes, sans lait mais avec par exemple un ajout de quelques gouttes d'huile végétale (évitez l'huile d'arachide, préférez l'huile d'olive ou des mélanges diététiques) ou une demi-noisette de beurre. Donnez cette purée à la petite cuiller, et complétez par un petit biberon de lait tant que votre bébé voudra bien le prendre.

Vers 16 heures

Il continuera de prendre un petit pot de compote (pomme, poire, pêche, abricot, fruits rouges) complété par un biberon de lait. Dans ce mois-là, il est possible d'introduire de petits laitages adaptés au nourrisson, vendus sous l'appellation « 2e âge ».

S'il n'existe pas d'antécédents familiaux allergiques notables, il est possible de présenter, mélangés à ces compotes, des laitages non parfumés, non sucrés comme des yaourts, des petits-suisses au lait de vache. Ici aussi, vous pourrez présenter un petit biberon de lait - mais le plus souvent, le bébé n'en voudra plus. Présentez alors de l'eau à boire au biberon.

Le soir

Votre bébé prendra un biberon de lait, en quantité variable ; le plus souvent, les biberons dépassent les 210/230 g.

DÈS 6 MOIS

Le matin, toujours un biberon de lait.

À midi

Il prend, assis, un repas de légumes : soit une soupe de légumes variés, soit une purée faite d'un seul légume (plus ou moins adoucie de pommes de terre qui sert de liant). Cela permet d'habituer l'enfant à des saveurs différentes mais bien marquées, par exemple pommes-carottes, pommes-citrouille, pommes-haricots verts, pommes-artichauts, etc. Vous pouvez introduire deux fois par semaine puis un jour sur deux de petites quantités (20 g environ) de « protéines animales » : veau, maigre d'agneau, blanc de volaille, bœuf, mais aussi poisson blanc maigre. Le repas est pris à la cuiller. Achevez par un petit dessert ou par un peu de lait pour ceux qui aiment encore téter avant d'aller faire la sieste.

Vers 16 heures

Faites-le goûter avec une compote, un laitage ou un mélange des deux. En été, lors de la saison des fruits frais, essayez de faire une sorte de milk-shake : mixez une petite quantité de lait et mélange de fruits (pêches, brugnons, abricots, poire, banane), et sucrez légèrement.

Le soir

Tant que cela suffit, ne présentez qu'un biberon de lait. À la rigueur, vous rajoutez un peu de céréales (avec gluten, à partir de 6 mois). Si vous avez l'impression que cela ne suffit pas, donnez alors une purée de légumes variés ou un bouillon de légumes épaissi avec du tapioca, de la blédaline ou de la floraline.

ENTRE 6 ET 9 MOIS

Peu de choses seront à modifier entre 6 et 9 mois. Vous pourrez simplement élargir la gamme des saveurs en essayant quelques légumes supplémentaires, quelques fruits différents, mais toujours avec prudence.

* Les mots signalés par un astérisque renvoient au glossaire.

Compote de poires
4 MOIS

2 petites poires juteuses

1 Pelez les poires, coupez-les en quartiers en éliminant les parties dures du centre et les pépins, recoupez-les en gros dés ou en lamelles et mettez-les dans une casserole. Ajoutez 1 cuillerée à soupe d'eau. Laissez cuire 10 minutes à feu doux, jusqu'à ce que les poires soient bien fondues.

2 Passez-les alors au mixeur pour les réduire en coulis.

3 Transvasez dans une coupelle et laissez tiédir.

COMPOTE DE POIRE À LA VANILLE Ajoutez une gousse de vanille fendue et raclée dans la casserole.

Compote de pommes
4 MOIS

1 ou 2 pommes* à cuire, selon l'âge de votre bébé (reinette, reine des reinettes, clochard, reinette grise, Canada, boskoop, cox orange, golden delicious) • 1/2 citron

1 Pelez les pommes, coupez-les en quartiers, éliminez les parties dures du centre et les pépins, recoupez-les en lamelles ou en gros dés et mettez-les dans une casserole.

2 Arrosez-les aussitôt avec le jus du demi-citron pour les empêcher de noircir, et ajoutez 1 ou 2 cuillerées à soupe d'eau. Ne mettez du sucre (1 cuillerée à soupe ou un sachet de sucre vanillé) que si la variété choisie est un peu acide. Laissez cuire 15 à 20 minutes à feu doux, jusqu'à ce que les pommes se défassent complètement, en mélangeant de temps en temps.

3 Si votre bébé est encore tout petit, passez la compote au mixeur pour lui donner le grain le plus fin possible.

Pomme-poire au miel
4 MOIS

1 pomme à cuire • 1 poire fondante • 1 c. à café de miel* liquide (acacia, tilleul, mille fleurs)

1 Pelez les fruits, coupez-les en quartiers, éliminez les parties dures du centre et les pépins, recoupez-les en lamelles ou en gros dés et mettez-les dans une casserole avec 1 cuillerée à soupe d'eau. Laissez cuire 15 minutes à feu très doux, jusqu'à ce que les fruits soient tendres.

2 Passez-les alors au mixeur pour les réduire en compote lisse.

3 Versez dans une coupelle et incorporez le miel. Laissez refroidir complètement.

Banane en compote
4 MOIS

1 banane bien mûre, mais non talée • 1 sachet de sucre vanillé (facultatif)

1 Lavez soigneusement la banane en la brossant légèrement. Faites-la cuire 10 minutes à la vapeur.

2 Présentez la banane entière sur une assiette. Fendez la peau sur les côtés et détachez la peau du dessus, comme un couvercle : la banane est bien cuite à l'intérieur et s'écrase toute seule en compote, à la cuillère. Éventuellement, poudrez de sucre vanillé.

3 Laissez tiédir à température ambiante avant de faire déguster à votre bébé ; ne lui donnez pas tout au début.

NOTE Si votre bébé est plus grand, vous pouvez ajouter un peu de crème fraîche sur la banane. À défaut d'instrument adéquat pour la cuisson (cuit-vapeur, couscoussier, panier métallique, etc.), une passoire en aluminium posée sur une casserole d'eau bouillante peut très bien faire l'affaire (comptez alors 20 minutes de cuisson, en retournant la banane au bout de 10 minutes). Vous pouvez aussi, tout simplement, faire pocher la banane entière dans une casserole d'eau bouillante.

compote de poires

pomme-poire au miel

compote de pommes

banane en compote

Compote de pêches

4 MOIS

2 petites pêches* bien mûres • 1 sachet de sucre vanillé • 1/2 citron

1 Pelez les pêches, ouvrez-les, dénoyautez-les, coupez-les en quartiers et mettez-les dans une casserole avec le sucre vanillé et le jus du demi-citron. Portez sur feu doux et laissez cuire 10 minutes à peine, à couvert.

2 Passez le contenu de la casserole au mixeur et réduisez en compote.

3 Transvasez dans une coupelle et laissez tiédir.

Pommes-cannelle

4 MOIS

1 ou 2 pommes à cuire, selon l'âge de votre bébé • 1/2 citron • 1 petite pincée de cannelle* en poudre

1 Procédez exactement comme pour la compote de pommes, mais ajoutez une petite pincée de cannelle en poudre à mi-cuisson.

Poires au tilleul

4 MOIS

1 petite poignée de tilleul* en vrac • 2 petites poires mûres et fondantes

1 Préparez une infusion avec le tilleul et 20 cl d'eau chaude.

2 Pelez les poires, coupez-les en quartiers en éliminant les parties dures du centre et les pépins, recoupez-les en gros dés ou en lamelles.

3 Mettez-les dans une petite terrine, recouvrez avec le tilleul tamisé au chinois, laissez macérer pendant 2 heures au frais.

4 Versez les poires dans une casserole, en ne conservant que 2 cuillerées à soupe de jus. Portez sur feu doux et laissez cuire 10 minutes à peine, jusqu'à ce que les poires soient tendres.

5 Passez-les au mixeur pour les réduire en coulis.

6 Transvasez dans une coupelle et laissez tiédir.

compote de pêches

poires au tilleul

pommes-cannelle

Bouillon de carottes et laitue

4 MOIS

2 carottes* • 1/2 laitue • 2 branches de persil plat • quelques grains de sel

1 Pelez et lavez les carottes, coupez-les en rondelles. Épluchez et lavez soigneusement la demi-laitue. Lavez le persil.

2 Mettez le tout dans une casserole avec un litre d'eau froide et quelques grains de sel. Portez à frémissement sur feu très doux pendant 2 heures.

3 Versez le bouillon tamisé dans un biberon, complétez avec du lait à la température souhaitée ; si votre bébé est plus grand, incorporez un peu de légumes mixés.

À partir de 5 mois, vous pouvez donner à votre bébé la soupe entièrement mixée, à la cuillère (ajoutez alors une petite noisette de beurre) ; à partir de 6 mois, vous pouvez réduire le temps de cuisson de 1 heure.

NOTE Ne soyez pas tentée de ne mettre que le cœur de la demi-laitue : les vitamines se trouvent surtout dans les feuilles vertes !

Bouillon de carottes au persil

4 MOIS

2 carottes* • 1 petit bouquet de persil* plat • quelques grains de sel

1 Pelez et lavez les carottes, coupez-les en rondelles. Lavez soigneusement le persil.

2 Mettez le tout dans une casserole avec un litre d'eau froide et quelques grains de sel. Portez à frémissement sur feu très doux pendant 2 heures.

3 Servez le bouillon tamisé au biberon, en complétant avec du lait à la température souhaitée ; si votre bébé est plus grand, incorporez un peu de légumes mixés.

NOTE À partir de 5 mois, vous pouvez proposer à votre bébé la soupe entièrement mixée, à la cuillère (ajoutez alors une petite noisette de beurre) ; à partir de 6 mois, vous pouvez réduire le temps de cuisson de 1 heure.

Bouillon de haricots verts

3 MOIS

1 poignée de haricots verts • 1 petit bouquet de persil plat

1 Effilez les haricots verts (cassez les pointes et retirez les fils) et lavez-les soigneusement. Lavez le persil.

2 Mettez les légumes dans une casserole avec 3/4 de litre d'eau. Portez à frémissement pendant 1 heure sur feu doux.

3 Versez le bouillon tamisé au chinois dans un biberon, complétez avec du lait à la température souhaitée, ou, si votre bébé est plus grand, en incorporant un peu de légumes mixés.

À partir de 4 mois, vous pouvez ajouter quelques grains de sel à l'eau de cuisson ; à partir de 5 mois, vous pouvez présenter à votre bébé la soupe entièrement mixée, à la cuillère (ajoutez alors une petite noisette de beurre ou une cuillerée à soupe de fromage blanc à 40 % de matières grasses).

bouillon de carotte et laitue

bouillon de haricots verts

bouillon de carottes au persil

Jus de fruits

5 MOIS

Les agrumes seront simplement pressés, les autres fruits passés à la centrifugeuse.

Les fruits doivent être sains, mûrs, parfaitement lavés, pelés s'ils ont la peau rugueuse (les pêches, par exemple) à cause des pesticides, épépinés ou dénoyautés. Commencez par les plus doux et n'en donnez qu'une cuillerée à café à votre bébé ; vous augmenterez progressivement les quantités au fil des mois.

SUGGESTIONS

• jus d'orange
• jus d'orange + 1 c. à café de miel
• jus de mandarine
• jus de pamplemousse rose + 1 c. à café de miel
• jus de pamplemousse + 1 poignée de framboises - jus de pomme
• jus de pomme + 1 petite pincée de cannelle en poudre - jus de poire
• jus de poire + 1 sachet de sucre vanillé
• jus d'abricots
• jus d'abricots + 1 c. à café de cassonade
• jus de pêche
• jus de pêche + 1 grappe de groseilles rouges
• jus de fraises
• jus de fraises + quelques feuilles de menthe
• jus de framboises
• jus de mirabelles
• jus de mûres + 1 sachet de sucre vanillé + quelques gouttes de jus de citron
• jus de pastèque
• jus de melon bien mûr
• jus de raisin muscat

NOTE Certains jus de fruits peuvent avoir une action laxative : n'en abusez pas et variez-les le plus possible !

Jus de légumes

4-5 MOIS

Passez les légumes à la centrifugeuse après les avoir soigneusement lavés et pelés dans certains cas (peau non comestible).

Commencez par les légumes les plus doux, et n'en donnez à votre bébé qu'une cuillerée à café ; vous augmenterez progressivement les quantités au fil des mois. Ne donnez pas de jus de carotte avant 6 mois.

SUGGESTIONS

• jus de tomate (6 mois)
• jus de tomate + quelques feuilles de basilic
• jus de carotte
• jus de carotte + quelques branches de persil
• jus de carotte + quelques feuilles de laitue
• jus de courgette
• jus de concombre
• jus de fenouil
• jus de radis roses
• jus de petits pois + quelques feuilles de menthe
• jus de haricots verts
• jus de betterave crue

NOTE Certains jus de légumes, notamment le jus de betterave crue, peuvent colorer les selles : ne vous alarmez pas trop vite ! Sachez aussi que beaucoup d'entre eux ont un effet légèrement laxatif : n'en abusez pas !

jus de fruits

jus de légumes

jus de tomate

Bouillon d'artichaut

5 MOIS

1 artichaut • 1 pomme de terre • 1/4 de citron • 2 branches de persil plat • quelques grains de sel

1 Lavez et épluchez l'artichaut à cru : cassez la queue, détachez les feuilles et le « foin » pour dégager le fond, et frottez-le aussitôt avec le ci-tron. Pelez et lavez la pomme de terre.

2 Coupez artichaut et pomme de terre en gros dés, et mettez-les dans une casserole avec 1 litre d'eau, le persil et quelques grains de sel. Portez à frémissement pendant 1 heure sur feu doux.

3 Servez le bouillon tamisé au biberon, en complétant avec du lait, à la température souhaitée, ou, si votre bébé est plus grand, en incorporant un peu de légumes mixés.

Bouillon de courgette et fromage blanc

5 MOIS

1 courgette • 2 branches de persil* plat • quelques grains de sel • 100 g de fromage blanc battu à 40 % de matières grasses

1 Coupez la queue et le bout arrondi de la courgette. Lavez-la soigneusement (au besoin en la brossant) sans la peler, et coupez-la en tronçons.

2 Mettez les morceaux de courgette dans une casserole avec un litre d'eau froide, le persil et quelques grains de sel. Portez à frémissement sur feu doux pendant 1 heure.

3 Mettez le fromage blanc dans le biberon et complétez avec du bouillon de cuisson tamisé au chinois. Secouez bien le biberon avant de le présenter à votre bébé.

NOTE Vous pouvez remplacer le persil par quelques feuilles de menthe. À partir de 5 mois, vous pouvez lui présenter la soupe entièrement mixée, à la cuillère, après avoir incorporé le fromage blanc.

Épinards-pomme de terre

5 MOIS

1 grosse poignée d'épinards* • 1 pomme de terre • quelques grains de sel

1 Triez les épinards, coupez les queues au ras des feuilles, retirez les grosses nervures, lavez les feuilles. Pelez et lavez la pomme de terre.

2 Mettez les épinards grossièrement ciselés et la pomme de terre coupée en dés dans une casserole avec un litre d'eau et quelques grains de sel. Portez à frémissement pendant 2 heures sur feu doux (1 heure seulement si votre bébé a plus de 6 mois).

3 Servez le bouillon tamisé au biberon, en complétant avec du lait, à la température souhaitée ; si votre bébé est plus grand, incorporez un peu de légumes mixés.

Bouillon potiron-poireau

4 MOIS

100 g de potiron • 1 poireau fin • 2 branches de persil plat • quelques grains de sel

1 Épluchez le potiron en éliminant soigneusement l'écorce, les fibres et les graines. Coupez-le en dés. Épluchez le poireau en supprimant les radicelles et l'extrémité des feuilles vertes, de manière à ne laisser que le blanc et un tiers du vert environ. Coupez-le en rondelles. Lavez le persil.

2 Mettez le tout dans une casserole avec 1 litre d'eau froide et quelques grains de sel. Portez à frémissement pendant 1 heure sur feu doux.

3 Tamisez le bouillon de cuisson et versez-en dans le biberon jusqu'à la graduation désirée. Complétez avec du lait. Donnez le biberon à votre bébé dès que la température lui convient.

NOTE Si votre bébé est plus grand, incorporez un peu de légumes mixés. À partir de 5 mois, vous pouvez lui présenter la soupe, complètement mixée, à la cuillère (ajoutez alors une petite noisette de beurre).

bouillon d'artichaut

bouillon épinards-pomme de terre

bouillon de courgette et fromage blanc

bouillon potiron-poireau

Potage Parmentier

6 MOIS

1 gros poireau bien blanc • 1 petite pomme de terre • 3 branches de cerfeuil • quelques grains de sel • 25 cl de lait • 1 petite noisette de beurre (5 g environ)

1 Épluchez et lavez le poireau, en ne conservant que le blanc et le tiers de vert ; coupez-le en rondelles. Pelez et lavez la pomme de terre ; coupez-la en dés. Lavez le cerfeuil.

2 Mettez les légumes dans une casserole avec 3/4 de litre d'eau froide, le cerfeuil et quelques grains de sel. Portez à frémissement pendant 1 heure.

3 Passez le contenu de la casserole au mixeur, reversez dans la casserole, délayez avec le lait et portez à nouveau à frémissement.

4 Ajoutez une petite noisette de beurre, transvasez dans le biberon (tétine à large débit), et attendez que la température convienne.

Velours d'endives

6 MOIS

1 belle endive • 1 pomme de terre • 1/4 de citron • quelques grains de sel • 1 morceau de sucre • 1 c. à soupe de fromage blanc battu à 40 % de matières grasses

1 Épluchez l'endive, lavez-la et coupez-la en quatre dans la longueur. Pelez et lavez la pomme de terre, coupez-la en morceaux.

2 Mettez les légumes dans une casserole avec 1 litre d'eau froide, quelques gouttes de jus de citron pour garder l'endive bien blanche, quelques grains de sel et le morceau de sucre. Portez à frémissement pendant 1 heure sur feu doux.

3 Passez le contenu de la casserole au mixeur, incorporez le fromage blanc, délayez soigneusement et transvasez dans un biberon.

NOTE À partir de 9 mois, vous pouvez remplacer le fromage blanc par 1 cuillerée à soupe de crème fraîche.

Soupe au potiron

6 MOIS

100 g de potiron • 1 pomme de terre • 2 branches de persil plat • 20 cl de lait • quelques grains de sel • 1 petite noisette de beurre (5 g environ)

1 Épluchez le potiron en éliminant l'écorce, les fibres et les graines. Pelez et lavez la pomme de terre. Lavez le persil. Coupez les légumes en gros dés. Faites-les cuire 30 minutes à la vapeur avec le persil.

2 Passez les légumes au mixeur, puis versez la purée obtenue dans une casserole. Délayez avec le lait, salez très légèrement et portez à frémissement 2 ou 3 minutes.

3 Pour servir, transvasez dans le biberon, ajoutez une petite noisette de beurre et laissez tiédir jusqu'à la température souhaitée, en secouant de temps en temps.

NOTE De temps à autre, remplacez la pomme de terre par une demi-laitue ou 2 ou 3 feuilles de bettes (sans côtes).

potage parmentier

soupe au potiron

velours d'endives

Soupe de courgette au parmesan

6 MOIS

I belle courgette • I tomate • 2 branches de persil plat • 2 branches de cerfeuil • I petite pincée de sel • I c. à soupe de semoule de blé fine (10 g environ) • I c. à café de parmesan finement râpé

1 Coupez la queue et le bout arrondi de la courgette, lavez-la sans la peler (en la brossant bien), coupez-la en tronçons. Lavez la tomate, coupez-la en quartiers, épépinez-les. Lavez le persil et le cerfeuil.

2 Mettez tous les légumes dans une casserole avec 3/4 de litre d'eau froide et une toute petite pincée de sel. Portez à frémissement sur feu doux pendant I heure.

3 Passez le contenu de la casserole au mixeur, et reversez-le dans la casserole une fois mixé.

4 Jetez la semoule en pluie dès la reprise du frémissement, et laissez cuire en suivant les instructions portées sur le paquet (en général quelques minutes suffisent).

5 Incorporez le parmesan râpé à la soupe, hors du feu, et transvasez dans le biberon (tétine à large débit). Vous le présenterez à votre bébé dès que la soupe aura suffisamment refroidi.

Soupe à la tomate

6 MOIS

I belle tomate bien mûre • I pomme de terre • 2 feuilles de basilic • I petite pincée de sel • I c. à soupe arasée de Maïzena • I petite noisette de beurre

1 Lavez la tomate, coupez-la en quartiers, épépinez-la. Pelez et lavez la pomme de terre. Lavez le basilic. Coupez le tout grossièrement.

2 Mettez les légumes dans une casserole avec I/2 litre d'eau froide et une toute petite pincée de sel. Portez à frémissement pendant 20 minutes.

3 Passez le contenu de la casserole au mixeur, et reversez dans la casserole.

4 Délayez la Maïzena dans un peu d'eau froide, versez-la dans la casserole et délayez au fouet. Retirez du feu au premier bouillon.

5 Transvasez dans une assiette ou un biberon, ajoutez le beurre et mélangez jusqu'à ce que la température convienne à votre bébé.

NOTE Pour une soupe encore plus nourrissante, remplacez l'eau par du lait.

Crème d'artichaut

6 À 9 MOIS

I artichaut • I/4 de citron • 2 branches de persil plat • I noisette de beurre (5 g environ) • I c. à soupe de farine • 20 cl de lait • quelques grains de sel

1 Lavez et épluchez l'artichaut à cru : cassez la queue, détachez les feuilles et le « foin » pour dégager le fond, et frottez-le aussitôt avec le citron pour l'empêcher de noircir. Faites-le cuire 30 minutes à la vapeur avec le persil lavé.

2 Dans une petite casserole, faites fondre le beurre sur feu doux sans le laisser colorer. Ajoutez la farine et délayez aussitôt jusqu'à ce que le mélange devienne lisse et homogène. Versez la moitié du lait, salez très légèrement et laissez cuire 5 minutes sur feu doux, sans cesser de mélanger avec une cuillère en bois ou un fouet, jusqu'à ce que la sauce épaississe. Retirez aussitôt du feu.

3 Passez le fond d'artichaut, le persil et la sauce au mixeur, jusqu'à ce que vous obteniez une crème lisse.

4 Versez dans une assiette et délayez avec le reste de lait chaud (vous pouvez aussi présenter la soupe dans un biberon, avec une tétine à large débit).

soupe de courgette au parmesan

crème d'artichaut

soupe à la tomate

Crème de riz aux carottes

6 MOIS

2 carottes* • 2 branches de persil plat • 1 petite pincée de sel • 1 c. à soupe de crème de riz* (10 g environ) • 1 petite noisette de beurre (5 g environ)

1 Pelez et lavez les carottes. Coupez-les en rondelles. Mettez-les dans une casserole avec le persil préalablement lavé, 1 litre d'eau et une toute petite pincée de sel. Portez à frémissement pendant 1 heure, sur feu doux.

2 Passez le contenu de la casserole au mixeur, puis reversez-le dans la casserole.

3 Ajoutez la crème de riz, délayez avec soin et laissez cuire 5 minutes en mélangeant.

4 Transvasez dans une assiette, ajoutez une petite noisette de beurre et mélangez jusqu'à ce que la température convienne à votre bébé. Vous pouvez aussi lui présenter la crème au biberon, avec une tétine à large débit.

NOTE Variante express à déguster dès 5 mois : dans une casserole, délayez le contenu d'un petit pot à la carotte avec deux fois son volume d'eau ; lissez au fouet puis ajoutez la crème de riz, et continuez comme précédemment.

Potage à la semoule

6 MOIS

25 cl de lait • 1 c. à soupe de semoule de blé fine (10 g environ) • 1 petite pincée de sel • noix de muscade • 1 petite noisette de beurre (5 g environ)

1 Versez le lait dans une casserole, portez à frémissement sur feu très doux.

2 Jetez la semoule en pluie, salez très légèrement et râpez un soupçon de noix de muscade. Laissez cuire quelques minutes (suivez les instructions portées sur le paquet) sans cesser de délayer avec une cuillère en bois.

3 Ajoutez une noisette de beurre et transvasez dans un biberon (tétine à large débit), et attendez que la température convienne à votre bébé pour le lui présenter.

NOTE Vous pouvez remplacer la semoule de blé par de la semoule de maïs, ou même de la semoule de riz. Vous pouvez aussi lier la soupe avec un jaune d'œuf, hors du feu.

Soupe de légumes passée

5 MOIS

Reportez-vous à la recette du bouillon de légumes mais, au lieu de tamiser le bouillon, passez-le au mixeur avec ses légumes et incorporez une petite noisette de beurre. Vous pouvez appliquer ce principe à n'importe quelle soupe (ou presque).

Purée de pommes de terre à l'ancienne

5 MOIS

250 g de pommes de terre • 1 pincée de sel • 10 cl de lait • 1 noisette de beurre

1 Épluchez les pommes de terre, lavez-les, coupez-les en morceaux, mettez-les dans une casserole, recouvrez-les d'eau froide, salez très légèrement, portez à frémissement pendant 30 minutes.

2 Quand elles sont bien cuites, égouttez-les, écrasez-les finement à la fourchette ou passez-les au moulin à légumes, ou encore au mixeur.

3 Recueillez la purée dans une casserole, placez sur feu doux et travaillez à la spatule, en incorporant peu à peu le lait chaud, puis le beurre en petits copeaux. Battez vigoureusement et retirez du feu dès que la purée est assez chaude.

4 Transvasez dans une assiette.

NOTE Vous pouvez aussi lier la purée avec un jaune d'œuf, hors du feu. Quand votre bébé sera plus grand, vous pourrez incorporer 1 cuillerée à café de crème fraîche.

soupe de légumes passée

Escalope de loup (bar) au fenouil

6 MOIS

Le même poisson s'appelle « loup » sur la côte méditerranéenne, et « bar » sur la côte atlantique.

20 g de loup • 1/2 bulbe de fenouil (100 g environ) • 2 c. à soupe de béchamel (voir recette page 124)

1 Parez le loup en éliminant la peau et les arêtes.

2 Épluchez soigneusement le bulbe de fenouil, lavez-le et faites-le cuire 30 minutes à la vapeur (ou à l'eau). 5 minutes avant la fin de la cuisson, ajoutez le loup dans le cuit-vapeur (ou faites-le griller séparément).

3 Mixez le bulbe de fenouil en purée en lui incorporant la béchamel. Transvasez dans une assiette.

4 Hachez finement le loup, parsemez ce hachis sur la purée de fenouil. Présentez à votre bébé à la cuillère.

NOTE Vous pouvez remplacer la béchamel par une pomme de terre cuite en même temps que le fenouil.

Colin et pommes à l'anglaise

6 MOIS

20 g de colin • 1 pomme de terre • 2 c. à soupe de yaourt • 1 petite pincée de sel • 1 branche d'aneth

1 Parez le poisson en éliminant les arêtes et tout petit morceau de peau.

2 Pelez et lavez la pomme de terre. Faites-la cuire 30 minutes à la vapeur ; 5 minutes avant la fin de la cuisson, ajoutez le poisson.

3 Quand tout est bien cuit, passez la pomme de terre et le poisson à la moulinette.

4 Mélangez la purée obtenue avec le yaourt, une toute petite pincée de sel et l'aneth lavé et finement ciselé. Donez-la à votre bébé à la cuillère.

Dorade au concombre

6 MOIS

20 à 30 g de dorade • 100 g de concombre • 1 pomme de terre • 1 petite pincée de sel • 2 c. soupe de lait bouilli • 1/4 de citron

1 Parez la dorade en éliminant peau et arêtes.

2 Pelez le concombre, coupez-le en quatre dans la longueur et retirez les graines. Pelez et lavez la pomme de terre, coupez-la en morceaux.

3 Faites cuire les légumes 20 minutes à la vapeur, puis ajoutez la dorade et poursuivez la cuisson 5 minutes.

4 Passez les légumes au mixeur avec une toute petite pincée de sel et un peu de lait pour les réduire en purée. Transvasez dans une assiette.

5 Hachez finement la dorade, parsemez sur la purée de concombre et arrosez de quelques gouttes de jus de citron. Présentez à la cuillère.

escalope de loup au fenouil

dorade au concombre

colin et pommes à l'anglaise

Velouté de pâtes au poulet

5 MOIS

20 cl de bouillon de volaille dégraissé • 20 g de blanc de poulet rôti (ou de poule bouillie), sans la peau • 1 c. à soupe de petites pâtes à potage (alphabet, étoiles, cheveux d'ange, etc.)

1 Versez le bouillon dans une casserole et portez-le à frémissement sur feu doux.

2 Pendant ce temps, hachez le poulet le plus finement possible, et mettez le hachis dans la casserole.

3 Ajoutez encore les pâtes à potage, laissez cuire 2 ou 3 minutes, jusqu'à ce qu'elles soient bien tendres.

4 Passez alors la soupe au mixeur pour la velouter et transvasez-la dans un biberon (tétine à large débit). Présentez-le à votre bébé dès que la température lui convient.

NOTE Quand votre bébé sera un peu plus grand, vous pourrez lier la soupe avec un jaune d'œuf. Et si vous avez de la poule au riz au menu, pourquoi ne pas mixer un peu de blanc, un peu de légumes et un peu de riz avec du bouillon (dégraissé) ?

Mousse au jambon

5 MOIS

1/2 tranche de jambon cuit (jambon blanc) bien maigre • 2 branches de persil • 100 g de fromage blanc battu à 40 % de matières grasses

1 Découennez et dégraissez parfaitement le jambon. Lavez le persil.

2 Hachez ensemble, au mixeur, le jambon et le persil, en incorporant le fromage blanc.

3 Transvasez la mousse dans une petite coupelle et donnez-la à votre bébé à la cuillère.

NOTE Pour une variante originale, remplacez le fromage blanc par une demi-banane.

Volaille pamplemousse rose

6 MOIS

20 g de blanc de volaille au choix (poulet, pintade, dindonneau, poule) • 1/2 pamplemousse rose • 2 gros petits-suisses (120 g) à 40 % de matières grasses • 2 branches de cerfeuil

1 Retirez la peau de la volaille et faites cuire le blanc 5 minutes à la vapeur.

2 Pendant ce temps, pelez le pamplemousse à vif (c'est-à-dire en entamant la chair), détaillez les quartiers en éliminant membranes et pépins. Écrasez la pulpe à la fourchette, avec les petits-suisses.

3 Quand le blanc de volaille est cuit, hachez-le avec le cerfeuil préalablement lavé, et incorporez-le à la crème au pamplemousse. Donnez à votre bébé à la cuillère.

NOTE Quand votre bébé sera plus grand, vous pourrez faire cuire les quartiers de pamplemousse 5 minutes à l'étouffée dans une petite casserole avec une noisette de beurre et 2 cuillerées à soupe d'eau, avant d'ajouter 1 c. à soupe de crème fraîche et de délayer.

Purée rose au jambon

5 MOIS

300 g de purée de pommes de terre (voir recette page 48) • 1/2 tranche de jambon cuit (jambon blanc) bien maigre • 1 petite noisette de beurre (5 g environ)

1 Préparez environ 300 g de purée de pommes de terre à l'ancienne.

2 Découennez et dégraissez parfaitement la demi-tranche de jambon. Passez-la à la moulinette ou au mixeur.

3 Versez la purée dans une assiette, ajoutez le jambon haché et une petite noisette de beurre. Mélangez parfaitement. Donnez la purée à votre bébé à la cuillère.

NOTE Variante gourmande : faites une purée, moitié pommes de terre, moitié fond d'artichaut, avant d'incorporer le jambon.

velouté de pâtes au poulet

volaille pamplemousse rose

mousse au jambon

purée rose au jambon

Blanc de poulet jardinière

5 MOIS

20 g de blanc de poulet (escalope) • 1 carotte • 1 navet • 1 petite poignée de haricots verts frais • 1 petite poignée de petits pois frais, en cosses • 2 branches de persil • 1 petite pincée de sel • 1 petite noisette de beurre (5 g environ)

1 Pelez la carotte et le navet, lavez-les, coupez-les en dés. Effilez les haricots verts, lavez-les, coupez-les en petits morceaux. Écossez les petits pois. Lavez le persil.

2 Mettez tous les légumes dans une casserole d'eau froide avec une toute petite pincée de sel. Portez à frémissement pendant 2 heures sur feu très doux ; ajoutez le poulet 10 minutes avant la fin.

3 Mixez le contenu de la casserole avec une petite noisette de beurre.

4 Versez dans un biberon, en complétant éventuellement avec du lait.

5 À partir de 5 mois, donnez cette purée à la cuillère. À partir de 6 mois, ne faites plus cuire les légumes que pendant 1 heure. À partir de 9 mois, faites-les cuire 30 minutes seulement, et écrasez-les simplement à la fourchette (veillez à bien écraser les petits pois, avec lesquels un bébé peut s'étouffer).

VARIANTE EXPRESS **Prélevez 20 g de blanc sur un poulet rôti et mixez-le avec 2 cuillerées à soupe de macédoine de légumes extra en boîte, bien rincée au préalable.**

Sot-l'y-laisse à la compote de laitue

5 MOIS

1/2 laitue • 1 petite carotte • 1 petit oignon blanc • 2 branches de persil • 1 petite pincée de sel • 1 petite noisette de beurre (5 g environ) • les 2 sot-l'y-laisse d'un poulet rôti

1 Épluchez la laitue en éliminant le trognon, lavez-la soigneusement et coupez-la en quartiers. Pelez la carotte, lavez-la et coupez-la en rondelles. Pelez l'oignon et coupez-le en quartiers.

2 Mettez tous ces légumes dans une casserole avec 1/2 litre d'eau froide très légèrement salée. Portez à frémissement pendant 30 minutes sur feu doux.

3 Égouttez les légumes et passez-les au mixeur avec une petite noisette de beurre.

4 Pour servir, étalez la compote de laitue dans une assiette. Garnissez avec les sot-l'y-laisse.

Hachis Parmentier de bébé

6 MOIS

300 g de purée de pommes de terre (voir recette page 48) • 1 petite noisette de beurre (5 g environ) • 20 g de steak de bœuf haché* • 2 c. à soupe de lait concentré non sucré

1 Préparez environ 300 g de purée de pommes de terre à l'ancienne.

2 Beurrez un petit plat (ou un grand ramequin) qui va au four. Étalez-y le steak haché en couche uniforme. Recouvrez avec la purée, en lissant bien la surface. Arrosez avec le lait concentré, bien régulièrement. Parsemez de beurre en petits copeaux raclés très finement.

3 Enfournez dans le four préchauffé. Laissez cuire 10 minutes à four chaud (220 °C-thermostat 7/8) ou, si vous préférez, à la vapeur (en protégeant la surface du plat d'une feuille d'aluminium pour empêcher que la condensation ne retombe à l'intérieur du plat).

4 Renversez le hachis sur une assiette et donnez-le à votre bébé à la cuillère dès que la température est bonne.

blanc de poulet jardinière

Noisette d'agneau aux courgettes à la menthe

6 MOIS

1 petite côte première d'agneau • 1 courgette • 1 petite pincée de sel • 1 branche de menthe verte, fraîche • 1 c. à soupe de yaourt nature

1 Coupez la queue et le bout arrondi de la courgette. Lavez-la soigneusement sans la peler, coupez-la en petits tronçons.

2 Mettez-les dans une casserole avec 1/4 de litre d'eau froide, une toute petite pincée de sel et la branche de menthe bien lavée. Portez à frémissement sur feu doux pendant 20 minutes, à couvert.

3 En même temps, faites griller la côtelette à point, puis dégagez la noisette et hachez-la finement.

4 Quand la courgette est bien cuite, retirez la menthe, égouttez si besoin est, et versez le contenu de la casserole dans une assiette. Écrasez bien la courgette à la fourchette, incorporez le yaourt et parsemez de hachis d'agneau. Donnez à la cuillère.

Coulis de tomates

6 MOIS

1 belle tomate bien mûre (ou 2 olivettes) • 1 petit oignon frais • 1 gousse d'ail • 1 c. à café d'huile d'olive vierge extra, première pression à froid • 1 brin de thym • 1/2 feuille de laurier • 1 pincée de sel

1 Faites chauffer l'huile d'olive dans une petite casserole (elle ne doit surtout pas fumer), faites-y blondir l'oignon finement émincé ou haché.

2 Ajoutez les tomates pelées, épépinées et grossièrement concassées, l'ail pelé et écrasé, le thym et le laurier. Salez très légèrement. Mélangez. Laissez mijoter 20 minutes sur feu très doux.

3 Retirez le thym et le laurier, puis mixez avant d'utiliser comme indiqué dans la recette choisie.

Poulet à la banane

6 MOIS

1 banane bien mûre • 30 g de blanc de poulet rôti • 1 petite noisette de beurre • 1/4 citron • 2 branches de cerfeuil

1 Lavez la banane et faites-la cuire, dans sa peau, 10 minutes à four chaud (220 °C-thermostat 7/8), ou à la vapeur.

2 Pendant ce temps, passez le poulet à la moulinette après avoir retiré la peau.

3 Quand la banane est cuite, ouvrez-la, prélevez la pulpe et écrasez-la dans une assiette avec une petite noisette de beurre et quelques gouttes de jus de citron. Ne mettez que la moitié de la banane si votre bébé est encore petit.

4 Ajoutez le hachis de poulet et les pluches de cerfeuil finement ciselées. Mélangez bien avant de le donner à votre bébé.

Sauce verte au fromage blanc

5 MOIS

100 g de fromage blanc battu à 40 % de matières grasses • 1 petit bouquet d'herbes aromatiques (persil, cerfeuil, estragon, ciboulette, basilic, menthe, etc.) • 1 pincée de sel • 1/4 de citron

1 Triez, lavez, essorez et ciselez très finement les herbes (hachez-les si votre bébé a moins de 9 mois).

2 Incorporez-les au fromage blanc, ainsi qu'une toute petite pincée de sel et quelques gouttes de jus de citron. Mélangez bien.

3 Servez à votre bébé pour accompagner des crudités (carottes ou radis hachés) ou du poisson.

NOTE À partir de 9 mois, vous pouvez ajouter à la sauce une petite cuillerée de crème fraîche.

noisette d'agneau aux courgettes à la menthe

poulet à la banane

coulis de tomates

sauce verte au fromage blanc

Crème de coquillettes au jambon

8 MOIS

30 à 50 g de coquillettes (ou autres pâtes au choix) • 1 petite pincée de sel • 1/2 tranche de jambon cuit (jambon blanc bien maigre) • 1 petite noisette de beurre (5 g environ)

1 Jetez les coquillettes dans une casserole d'eau bouillante légèrement salée, et faites-les cuire 12 minutes environ.

2 Pendant ce temps, découennez et dégraissez bien le jambon.

3 Égouttez les coquillettes, passez-les au mixeur avec le jambon et une petite noisette de beurre, jusqu'à ce que vous obteniez une crème lisse et homogène.

NOTE **Vous pouvez aussi faire cuire les coquillettes dans du lait (la cuisson est légèrement plus longue)... et même dans du lait sucré si vous ne mettez pas de jambon !**

Crème de nouilles à l'artichaut

8 MOIS

1 artichaut • 1/2 citron • 30 g de nouilles au choix (tagliatelle, etc.) • 1 petite pincée de sel • 1 petite noisette de beurre (5 g environ)

1 Cassez la queue de l'artichaut, lavez-le bien, mettez-le dans une casserole d'eau froide additionnée du jus de citron et faites-le cuire 45 minutes.

2 Par ailleurs, jetez les nouilles dans une casserole d'eau bouillante légèrement salée, et faites-les cuire 12 à 20 minutes selon la variété.

3 Quand l'artichaut est cuit, égouttez-le, passez-le sous l'eau froide pour le rafraîchir, retirez les feuilles et le « foin » pour dégager le fond.

4 Égouttez les nouilles et passez-les au mixeur avec le fond d'artichaut et une petite noisette de beurre.

5 Transvasez dans une assiette.

NOTE **Cette garniture conviendra très bien à une petite côte d'agneau première, grillée, dont vous passerez le cœur à la moulinette. On peut aussi utiliser un fond d'artichaut surgelé.**

crème de coquillettes au jambon

Pintade à la mousse de pommes

7 MOIS

1 pomme (reinette ou golden) • 100 g de fromage blanc à 40 % de matières grasses • 30 g de blanc de pintade, prélevés sur le plat familial

1 Pelez la pomme, coupez-la en quartiers en éliminant le centre et les pépins. Faites cuire les quartiers 10 minutes à la vapeur.

2 Passez-les au mixeur avec le fromage blanc. Transvasez dans une assiette.

3 Retirez la peau du morceau de pintade et passez-le à la moulinette.

4 Pour servir, parsemez de ce hachis la mousse de pomme.

Petit couscous au poulet spécial bébé

8 MOIS

30 g de semoule de blé (couscous) • 1 carotte • 1 navet • 1/2 courgette • 1 petite branche de céleri • 2 branches de coriandre • 1 petite pincée de sel • 20 à 30 g d'escalope de poulet • 1 petite noisette de beurre (5 g environ)

1 Mettez la semoule dans un bol avec un verre d'eau tiède. Laissez gonfler.

2 Pelez et lavez la carotte et le navet, coupez-les en petits morceaux. Lavez la courgette sans la peler, coupez-la en petits tronçons. Épluchez la branche de céleri, coupez-la en petits morceaux. Lavez et ciselez finement la coriandre.

3 Mettez tous ces légumes dans une casserole avec 1 litre d'eau froide et une toute petite pincée de sel. Portez à frémissement sur feu doux pendant 30 minutes.

4 Ajoutez le blanc de poulet et poursuivez la cuisson 10 minutes.

5 Par ailleurs, faites aussi cuire la semoule à la vapeur, 10 minutes environ.

6 Pour servir, versez la semoule dans une assiette, arrosez avec un peu de bouillon tamisé au chinois. Passez le poulet et les légumes à la moulinette et mélangez ce hachis à la semoule, avec une petite noisette de beurre.

NOTE **Vous pouvez aussi faire cuire la semoule dans un verre de lait. Mais ne mettez ni raisins secs, ni pois chiches dans la semoule de votre bébé (ou alors bien mixés) : il risquerait de s'étouffer…**

Lapin à la polenta

8 MOIS

1 carotte • 20 cl de lait • 1 petite noisette de beurre (5 g environ) • 1 petite pincée de sel • 30 g de semoule de maïs fine (polenta) • 30 g de râble, prélevés sur le plat familial

1 Pelez et lavez la carotte, coupez-la en rondelles, faites-la cuire 20 minutes à la vapeur.

2 Pendant ce temps, versez le lait dans une petite casserole. Ajoutez le beurre et une toute petite pincée de sel. Portez à frémissement sur feu doux.

3 Jetez alors la semoule en pluie, laissez cuire quelques minutes sur feu doux, sans cesser de remuer avec une cuillère en bois, jusqu'à épaississement. Retirez aussitôt du feu.

4 Étalez la semoule dans une assiette. Ajoutez le lapin passé à la moulinette avec les rondelles de carotte. Mélangez jusqu'à ce que la température convienne à votre bébé.

pintade à la mousse de pommes

lapin à la poelnta

petit couscous de poulet

Escalope de dinde à la purée de marrons

8 MOIS

20 à 30 g d'escalope de dinde selon l'âge de votre bébé • 80 à 100 g de marrons au naturel (8 à 10) • 1 petite branche de céleri • 100 g de fromage blanc à 40 % de matières grasses • 1 petite pincée de sel • 1 petite noisette de beurre (5 g environ)

1 Faites cuire l'escalope de dinde à la vapeur 5 à 10 minutes selon son poids et son épaisseur, puis coupez-la en petits dés.

2 Rincez bien les marrons, lavez les feuilles de la branche de céleri.

3 Mettez le tout dans le mixeur avec les dés de viande, le fromage blanc et une toute petite pincée de sel. Réduisez en crème lisse et homogène.

4 Mettez la purée obtenue dans une petite casserole avec une petite noisette de beurre. Placez sur feu doux, juste pour réchauffer.

5 Versez dans une assiette.

NOTE Une bonne idée pour que votre bébé participe lui aussi à la fête de Noël ! S'il y a de la dinde rôtie au menu familial, prélevez-lui un petit morceau de blanc, mais dans ce cas, ne salez pas !

Purée de patate douce

8 MOIS

1 belle patate douce • 1 petite pincée de sel • 10 cl de lait • 1 noisette de beurre (5 g environ) • 1/4 de citron

1 Pelez la patate douce, lavez-la, coupez-la en morceaux et faites-la cuire 30 minutes dans une casserole d'eau légèrement salée.

2 Égouttez-la et passez-la au mixeur en incorporant le lait chaud, le beurre et quelques gouttes de jus de citron.

3 Transvasez dans une assiette.

escalope de dinde à la purée de marrons

de 9 *à* 12 *mois*

DE 9 À 12 MOIS

Votre bébé a déjà goûté bien des choses. Mais il faudra lui présenter des repas encore plus élaborés, c'est-à-dire modifiés dans leur goût (en élargissant encore la palette des légumes) et dans leur préparation : non pas la viande, dont la fibre reste encore bien difficile à mâcher, mais surtout le poisson et le jaune d'œuf. Les légumes seront parfois écrasés à la fourchette et non plus finement mixés. Les aliments ne seront plus mélangés mais séparés les uns des autres. Ainsi, votre bébé commencera à faire de vrais repas.
Comment pourrez-vous le nourrir ? Voici ce que je propose.

Le matin
Un biberon de lait (très légèrement parfumé d'une petite mesure de farine instantanée s'il se réveille tôt).

Parfois, à 10 heures
Vous pourrez lui donner un demi-verre de jus de fruits (si le fruit est sucré, il est inutile de rajouter du sucre) ou de légumes.

À midi
Un repas tantôt préparé comme vous le faisiez jusque-là, tantôt écrasé à la cuiller et en séparant les aliments. Vous pourrez introduire le chou-fleur et le brocoli (avec une béchamel par exemple), des purées de lentilles bien mixées, des purées de pois cassés, de petits pois.
Lorsque son repas sera terminé, il restera assis avec vous : vous prendrez alors votre propre repas. Et vous verrez son doigt se tendre pour exiger de goûter ce que mangent ses parents, ses frères et sœurs. Il n'y a vraiment aucun inconvénient à lui faire goûter tous vos plats : il aimera… ou pas. Vous vous en rendrez vite compte ! Mais petit à petit, il connaîtra l'alimentation de la famille et saura qu'il est devenu plus grand. Bientôt, ayant appris ce qu'il aime, ce qu'il supporte, vous n'aurez plus guère de problèmes de cuisine puisque, très souvent, il pourra manger la vôtre, mais apprêtée d'une façon peut-être encore adaptée à ses petites dents, à ses petites mains.

À 16 heures
Vous pouvez essayer le riz au lait.

Le soir
Une soupe épaisse ou épaissie avec de petites pâtes à potage très fines. Terminez par un biberon de lait ou, s'il n'en veut plus, par un laitage.
Si votre bébé aime beaucoup le lait, il n'y a aucun problème à ne lui donner, le soir, qu'un biberon de lait, ou de lait avec un peu de céréales. S'il dort bien avec ce seul repas, n'introduisez aucun légume le soir.

Les biberons du matin et du soir
Il n'y a aucun inconvénient à les présenter au bébé le plus longtemps possible : il faut qu'il épuise son besoin, son désir de succion. Et croyez-moi : lorsqu'il n'en voudra plus, il saura bien se faire comprendre ! C'est lui qui devra vous dire s'il aime encore son biberon ; ce n'est pas à vous de lui imposer la cuiller trop tôt.

À PARTIR DE 12 MOIS

À partir du moment où l'enfant acquiert la marche, l'alimentation va de nouveau changer et se modifier. En effet, on peut établir une relation importante entre la marche autonome et l'alimentation : dans le courant de la première année, le bébé dort beaucoup les premiers mois, et passe l'essentiel de son temps dans son berceau. Puis il se réveille de plus en plus longtemps et reste sur une chaise de moins en moins inclinée, sur une couverture, par terre, ou dans un parc. Il ne se déplace guère que grâce à nous. Les moments où il peut « faire » quelque chose, apprendre à voir, à toucher, à explorer, sont souvent ceux des repas. Et son apprentissage, nous devons le faire grâce aux jeux, aux images, aux jouets… et aux aliments.

Il s'intéresse moins qu'avant aux repas

Dès qu'il va marcher, il va aller explorer tout seul ces pièces qu'il rêvait de connaître, ouvrir ces placards où il brûlait de fouiner, transporter d'une pièce à l'autre des objets qu'il convoitait… Croyez-vous qu'il ait le temps de manger ? Il a trop de travail, trop d'expériences à tenter… Méfiez-vous, d'ailleurs, car ces expériences peuvent être la source d'accidents.

Et le repas, alors ? Et l'alimentation ? Il s'en désintéresse le plus souvent, car il est tendu vers d'autres acquisitions utilisant ses muscles, sa coordination, son habileté. Le repas devient alors beaucoup plus la simple satisfaction de la faim. Un repas ne doit pas durer longtemps, être vite « expédié », sans contrainte.

Au cours de la deuxième année apparaît une sorte d'anorexie, qui est d'ailleurs beaucoup plus qu'une simple perte de l'appétit : une baisse de l'intérêt porté aux aliments, en regard de l'intérêt grandissant porté aux gens, aux choses, aux mots, aux livres, à l'extérieur.

Mais vous pourrez réveiller son intérêt pour la nourriture en piquant sa curiosité jamais en sommeil à cette période : faites des plats nouveaux, proposez de nouvelles couleurs, adoptez une autre présentation, et vous verrez alors s'allumer le regard de votre enfant. Il se mettra de nouveau à tourner autour de la table de la cuisine. C'est une nouvelle forme d'exploration que vous pourrez lui proposer.

Ne le forcez pas à manger

Mais sachez aussi qu'il passe parfois de longues journées sans manger grand-chose : cela n'a aucune importance. Les seuls critères sont sa joie de vivre, sa mobilité, son désir d'apprentissages nouveaux. Ne le forcez jamais à manger. Ne le contraignez jamais à terminer un plat, à rester assis sur sa chaise plus d'une demi-heure (c'est déjà très long), vous ne gagnerez jamais ! Pire : votre bébé gardera au fond de lui des traces de cette contrainte. Et le capital de confiance entre lui et vous pourra être entamé, grignoté.

Et peut-être est-ce au cours des repas de bébé que nous préparons nos relations avec eux, adolescents et adultes ? C'est une façon de voir simpliste, raccourcie et abrupte, mais dont je reste, au fond, persuadée.

Il faut cependant être précis : ne pas forcer un bébé à manger ne signifie pas lui laisser faire ce qu'il veut. Mais il faut lui apprendre, à travers le respect d'un certain rythme alimentaire, le respect des autres : un bébé est libre de ne pas manger tout ce qu'on voudrait lui voir manger, mais il ne sera pas libre de demander à manger en dehors des heures de repas habituelles, sitôt le repas terminé, alors que tout est rangé et que vous avez autre chose à faire. Il attendra le repas suivant.

* les mots signalés par un astérisque renvoient au glossaire

Œuf à la coque

9 MOIS (JAUNE) 12 MOIS (BLANC)

1 œuf extra-frais (ou frais pondu si vous habitez à la campagne) • sel

1 Lavez l'œuf s'il est souillé, mettez-le dans une petite casserole, recouvrez-le entièrement d'eau froide, ajoutez une bonne pincée de sel pour empêcher l'œuf de s'échapper si la coquille se fendille pendant la cuisson. Portez à frémissement, puis laissez bouillir encore 1 minute.

2 Retirez aussitôt l'œuf de la casserole, passez-le sous l'eau froide pour arrêter la cuisson et pouvoir le manipuler facilement, placez-le sur un coquetier et coupez la calotte.

3 Si votre bébé a moins d'un an, donnez-lui seulement le jaune ; à partir d'un an, vous pouvez lui donner aussi le blanc.

NOTE Une autre méthode de cuisson consiste à plonger l'œuf (il ne faut pas qu'il sorte directement du réfrigérateur) dans l'eau bouillante. Comptez alors 3 minutes de cuisson.

Œuf dur

9 MOIS (JAUNE) 12 MOIS (BLANC)

1 œuf extra-frais (ou frais pondu si vous habitez à la campagne) • sel

1 Procédez exactement comme pour l'œuf à la coque, mais comptez 6 minutes de cuisson à partir du début de l'ébullition (ou 9 minutes si vous plongez l'œuf dans l'eau bouillante).

2 Passez l'œuf sous l'eau froide et écalez-le.

Œuf mollet

9 MOIS (JAUNE) 12 MOIS (BLANC)

1 œuf extra-frais (ou frais pondu si vous habitez à la campagne) • sel

1 Procédez exactement comme pour l'œuf à la coque, mais comptez 3 minutes de cuisson à partir du début de l'ébullition (ou 6 minutes si vous plongez l'œuf dans l'eau bouillante).

2 Écalez l'œuf après l'avoir rafraîchi.

Purée à la coque

9 MOIS

300 g de purée de pommes de terre (voir recette page 48) • 1 œuf extra-frais (ou frais pondu si vous habitez à la campagne) • 1 noisette de beurre (5 g environ)

1 Préparez environ 300 g de purée de pommes de terre à l'ancienne.

2 Versez-la dans une assiette, creusez une dépression au centre, avec le dos d'une cuillère, comme un nid.

3 Cassez l'œuf en séparant le blanc du jaune, ne conservez que le jaune, en éliminant les germes. Faites-le glisser dans le nid de purée. Parsemez la purée de petits copeaux de beurre (raclés très fins), tout autour de l'œuf.

Œuf au nid

9 MOIS

100 g d'épinards • 100 g de fromage blanc battu à 40 % de matières grasses • 1 œuf extra-frais (ou frais pondu si vous habitez à la campagne) • quelques grains de sel

1 Triez les épinards, coupez les queues au ras des feuilles, retirez les grosses nervures, lavez-les soigneusement et faites-les cuire 20 minutes à la vapeur.

2 Essorez-les et passez-les au mixeur pour les réduire en purée.

3 Incorporez-les au fromage blanc, de manière à obtenir une crème lisse et homogène. Salez très légèrement.

4 Mettez cette crème verte dans une assiette, creusez en nid. Cassez l'œuf et déposez le jaune au creux du nid.

œuf à la coque

purée à la coque

œuf au nid

Bouillon de cresson à l'œuf

9 MOIS

1 grosse poignée de cresson • 1 pomme de terre • quelques grains de sel • 1 jaune d'œuf

1 Triez le cresson et lavez-le soigneusement. Pelez et lavez la pomme de terre. Coupez-la en gros dés.

2 Mettez les légumes dans une casserole avec un litre d'eau froide et quelques grains de sel. Portez à frémissement sur feu doux pendant 1 heure.

3 Mixez la soupe et incorporez-lui le jaune d'œuf, en fouettant vivement.

4 Donnez cette soupe à votre bébé au biberon... ou à la cuillère s'il est assez patient !

Crème de tapioca à l'œuf

9 MOIS

25 cl de lait • 1 c. à soupe de crème de tapioca • 1 petite pincée de sel • noix de muscade • 1 jaune d'œuf • 1 petite noisette de beurre (5 g environ)

1 Versez le lait dans une petite casserole, portez à frémissement, salez très légèrement et râpez un soupçon de noix de muscade. Puis jetez-y la crème de tapioca en pluie, et laissez cuire jusqu'à épaississement, sans cesser de mélanger. Versez aussitôt dans une assiette.

2 Incorporez alors le jaune d'œuf, préalablement délayé avec une cuillerée à soupe d'eau, en battant vigoureusement pour qu'il n'ait pas le temps de cuire. Vous pouvez aussi donner ce potage au biberon, avec une tétine à large débit.

Potage de crème de maïs

9 MOIS

1 petite boîte de maïs doux en grains • 25 cl de lait • noix de muscade • 1 petite noisette de beurre (5 g environ)

1 Versez le maïs dans une passoire, rincez-le sous l'eau du robinet, égouttez-le soigneusement et passez-le au mixeur pour le réduire en fine purée bien lisse (au besoin, ajoutez 1 ou 2 cuillerées à soupe de lait bouilli).

2 Versez la purée obtenue dans une casserole, délayez avec le lait et râpez un soupçon de noix de muscade. Portez à frémissement sur feu très doux.

3 Pour servir, transvasez dans une assiette ou dans un biberon, et ajoutez une petite noisette de beurre. Présentez à votre bébé dès que la température lui convient.

NOTE **Vous pouvez aussi faire cuire 1 cuillerée à soupe de semoule de maïs fine (10 g environ) dans le lait, avec quelques grains de sel... mais les enfants préfèrent souvent le maïs doux.**

bouillon de cresson à l'œuf

potage de crème de maïs

crème de tapioca à l'œuf

Crème de riz à la tomate

9 MOIS

1 belle tomate bien mûre • 1/2 litre de lait • 2 ou 3 feuilles d'estragon • 1 petite pincée de sel • 1 c. à soupe de crème de riz (10 g environ)

1 Lavez la tomate et plongez-la dans une casserole d'eau bouillante pendant 2 minutes. Retirez-la et passez-la sous l'eau fraîche : elle se pèle alors sans difficulté. Ouvrez-la et épépinez-la.

2 Mettez la pulpe dans une casserole avec le lait, les feuilles d'estragon lavées et une toute petite pincée de sel. Portez à frémissement sur feu doux pendant 20 minutes.

3 Passez le contenu de la casserole au mixeur et reversez-le dans la casserole.

4 Ajoutez la crème de riz, délayez soigneusement et laissez cuire 5 minutes en mélangeant.

5 Transvasez dans une assiette, ajoutez une petite noisette de beurre et mélangez jusqu'à ce que la température convienne à votre bébé. Vous pouvez aussi lui présenter la crème au biberon, avec une tétine à large débit.

Caviar d'aubergines au petit-suisse

9 MOIS

1 aubergine • 1 gros petit-suisse (60 g) à 40 % de matières grasses (ou 1 grosse c.à soupe de fromage blanc à 40 % de matières grasses) • 1 toute petite pincée de sel • 1/2 citron • 2 branches de cerfeuil

1 Lavez l'aubergine et faites-la cuire 40 minutes entière, dans sa peau, à la vapeur ou au four.

2 Ouvrez l'aubergine, raclez la pulpe à la cuillère et passez-la au mixeur avec le petit-suisse (ou le fromage blanc), une petite pointe de sel et le jus d'un demi-citron. Mixez jusqu'à ce que vous obteniez une purée lisse et au grain assez fin.

3 Transvasez dans une assiette. Parsemez des pluches de cerfeuil lavées et finement ciselées.

NOTE Si votre bébé est plus grand, présentez-lui ce « caviar » d'aubergines dans une tomate évidée.

Potage crème de riz

9 MOIS

1/2 litre de lait • 1 petite pincée de sel • 1 petite pincée de paprika doux • 25 g de riz • 1 tomate • 2 branches de persil plat • 1 petite noisette de beurre (5 g environ)

1 Versez le lait dans une casserole, salez très légèrement et ajoutez une infime pincée de paprika doux. Portez à frémissement sur feu doux.

2 Jetez aussitôt le riz en pluie (préalablement lavé), la tomate pelée, épépinée et grossièrement concassée, et le persil lavé. Laissez mijoter 30 minutes sur feu très doux, jusqu'à ce que le riz soit bien cuit.

3 Passez le contenu de la casserole au mixeur pour le réduire en crème.

4 Transvasez dans une assiette, ajoutez une petite noisette de beurre et mélangez jusqu'à ce que la température convienne à votre bébé.

VERSION EXPRESS Utilisez, à la place du riz, de la crème de riz ou de la semoule de riz. Petit rappel : pour peler facilement une tomate, il suffit de la plonger 30 secondes dans une casserole d'eau bouillante, ou de la passer 2 minutes à la vapeur.

crème de riz à la tomate

Chocolat à l'ancienne

9 MOIS

1 c. à café arasée de cacao amer en poudre • 1 c. à soupe de sucre en poudre (10 g environ) • 20 cl de lait

1 Dans un bol, délayez le cacao avec le sucre en poudre et quelques gouttes d'eau, de manière à obtenir une pâte homogène, sans grumeaux.

2 Ajoutez alors le lait chaud, petit à petit, tout en délayant.

3 Quand la préparation est bien homogène, versez-la dans une petite casserole. Laissez cuire à feu doux sans cesser de fouetter jusqu'à ce que le chocolat commence à mousser.

4 Transvasez alors dans un biberon, et donnez-le à votre bébé dès que la température lui convient.

NOTE Attention : ne confondez pas cacao en poudre (non sucré), et chocolat en poudre (sucré) ! Vous obtiendrez une boisson bien plus onctueuse et bien meilleure avec le premier !

Lait de poule au cacao

9 MOIS

1 œuf • 1 c. à soupe de sucre en poudre (10 g environ) • 1 c. à café arasée de cacao en poudre, non sucré • 20 cl de lait

1 Cassez l'œuf en séparant le blanc du jaune, ne conservez que le jaune, en éliminant les germes. Mettez-le dans un bol.

2 Ajoutez le sucre en poudre et le cacao, battez quelques minutes au fouet.

3 Délayez peu à peu avec le lait chaud ou froid, mais préalablement bouilli.

4 Donnez à boire au bol, au verre ou au biberon.

Polenta au fromage

9 MOIS

50 g de semoule de maïs fine (polenta) • 1 petite pincée de sel • 1 petite noisette de beurre (5 g environ) • 20 g d'emmental râpé

1 Portez 1/4 de litre d'eau froide à frémissement dans une petite casserole à fond épais. Salez très légèrement. Jetez la semoule en pluie et laissez cuire à feu doux jusqu'à épaississement, sans cesser de mélanger avec une cuillère de bois pour éviter la formation de grumeaux : cela peut demander de quelques minutes à un quart d'heure selon la nature de la semoule (brute ou traitée), sa fraîcheur (de l'année ou plus), et sa mouture (fine ou moyenne). Retirez du feu dès qu'elle épaissit.

2 Versez dans une assiette, incorporez le beurre et l'emmental râpé, mélangez jusqu'à ce que la température convienne à votre bébé.

NOTE Vous pouvez remplacer l'emmental par un autre fromage au choix : gruyère, cantal, parmesan…

Polenta au lait

9 MOIS

1/4 litre de lait • 1 petite pincée de sel • noix de muscade • 50 g de semoule de maïs fine (polenta) • 1 petite noisette de beurre (5 g environ) ou 1 c. à café de crème fraîche

1 Versez le lait dans une casserole, ajoutez une petite pincée de sel et râpez un soupçon de noix de muscade. Portez à frémissement sur feu doux.

2 Jetez-y aussitôt la semoule en pluie. Laissez cuire 3 à 5 minutes à feu doux, sans cesser de mélanger avec une cuillère de bois, jusqu'à ce que la préparation épaississe. Retirez aussitôt du feu.

3 Versez dans une assiette, incorporez le beurre ou la crème fraîche, mélangez jusqu'à ce que la température convienne à votre bébé.

NOTE Vous pouvez aussi arroser la polenta d'un verre de lait froid (préalablement bouilli) après cuisson.

chocolat à l'ancienne

lait de poule au cacao

Corn-flakes au yaourt
9 MOIS

2 bonnes c. à soupe de corn-flakes (10 g environ) • 1 yaourt nature • 1 c. à soupe de sucre en poudre (10 g environ) • 1/2 pomme (reinette ou golden) • 1/4 de citron

1 Mettez les corn-flakes dans une assiette. Versez le yaourt par-dessus. Ajoutez le sucre en poudre.

2 Pelez la pomme et râpez-la directement sur les corn-flakes, en éliminant les parties dures du centre et les pépins. Arrosez aussitôt avec quelques gouttes de jus de citron pour l'empêcher de noircir.

3 Mélangez soigneusement.

NOTE Selon l'âge de votre bébé, vous pouvez varier la composition de cette préparation aux corn-flakes à plaisir : lait condensé sucré, jus d'orange, noix de coco râpée, amandes ou noisettes hachées, etc.

Müesli
9 MOIS

Le petit-déjeuner préféré des bébés suisses !

1 grosse c. à soupe de flocons d'avoine • 1/2 citron • 1 c. à soupe de lait condensé sucré • 1 pomme reinette • quelques noisettes mondées

1 La veille au soir, mettez les flocons d'avoine dans un bol, et arrosez-les avec 3 cuillerées à soupe d'eau froide. Laissez reposer toute la nuit au réfrigérateur.

2 Le lendemain matin, au moment du petit-déjeuner, incorporez le jus du demi-citron, le lait condensé sucré et une nouvelle cuillerée à soupe d'eau.

3 Lavez la pomme soigneusement. Râpez-la directement sur les flocons d'avoine, sans la peler, mais après avoir éliminé le trognon et les pépins. Incorporez au fur et à mesure aux flocons d'avoine pour que la pomme n'ait pas le temps de noircir.

4 Servez aussitôt à votre bébé. S'il est déjà grand, parsemez de noisettes hachées.

NOTE Selon l'âge de votre bébé, vous pouvez encore incorporer quelques petits fruits rouges ou quelques rondelles de banane coupées en petits dés.

Il existe des flocons d'avoine instantanés, mais la bouillie obtenue sera alors beaucoup moins onctueuse…

Petits-suisses aux céréales
9 MOIS SI LES CÉRÉALES SONT MIXÉES

12 mois si elles sont écrasées à la fourchette 2 petits-suisses de 60 g • 1 c. à soupe de céréales mélangées pour petit-déjeuner (sauf céréales extrudées) prêtes à consommer (sans trempage)

1 Écrasez les céréales à la fourchette ou mixez-les au robot.

2 Mêlez-les aux petits-suisses dans une coupelle.

3 Servez aussitôt.

NOTE Il n'est pas nécessaire de sucrer.

Petits-suisses aux fruits frais de saison
9 MOIS SI LES FRUITS SONT MIXÉS

12 mois s'ils sont coupés en petits dés • 2 petits-suisses de 60 g • 2 ou 3 fraises ou 1 c. à soupe de framboises ou 1 abricot ou 1/2 poire ou 1/4 de pêche, etc.

1 Épluchez le fruit choisi en éliminant queue, peau, noyau, pépins selon le cas. Coupez en dés minuscules ou mixez.

2 Mélangez aux petits-suisses dans une coupelle.

3 Servez aussitôt.

NOTE Il n'est pas nécessaire de sucrer.

corn-flakes au yaourt

petits-suisses aux fruits frais de saison

Porridge

9 MOIS

50 g de flocons d'avoine • 25 cl de lait • 1 c. à soupe de sucre en poudre (10 g environ)

1 Mettez les flocons d'avoine et le lait dans une petite casserole. Mélangez soigneusement. Mettez sur feu doux et laissez cuire jusqu'à frémissement (attention, les flocons d'avoine n'empêchent pas le lait de monter), sans cesser de mélanger avec une cuillère en bois pour que la préparation n'attache pas. Retirez du feu dès que la masse épaissit.

2 Versez les flocons d'avoine dans un bol, ajoutez le sucre en poudre, mélangez jusqu'à ce que la température convienne à votre bébé.

NOTE **Vous pouvez aussi utiliser des flocons d'avoine instantanés, que vous n'aurez pas besoin de faire cuire. Dans ce cas, comptez 20 cl de lait seulement… mais le porridge ne sera pas aussi moelleux ! Quand votre bébé aura grandi, vous pourrez ajouter quelques noisettes hachées.**

Mont-Blanc au petit-suisse

9 MOIS

2 c. à soupe de crème de marrons vanillée (en boîte) • 1 gros petit-suisse (60 g) à 40 % de matières grasses •2 c. à soupe de lait

1 Passez éventuellement la crème de marrons au mixeur pour l'aérer et la rendre plus légère. Versez-la dans une assiette.

2 Passez alors, dans le mixeur propre, le petit-suisse et le lait (préalablement bouilli), de manière à obtenir une crème mousseuse, aérienne, d'une consistance proche de celle de la crème fouettée. Au besoin, ajoutez un peu de lait.

3 Nappez la crème de marrons avec cette « neige ». Donnez à votre bébé à la cuillère, en mélangeant crème de marrons et crème au petit-suisse.

Riz au lait velouté

9 MOIS

20 cl de lait • 1 c. à soupe de sucre en poudre ou de cassonade • 40 g de riz à grain rond

1 Versez le lait dans une petite casserole, portez à frémissement sur feu très doux pour qu'il ne déborde pas. Dès qu'il est chaud, délayez-y le sucre en poudre.

2 Jetez-y le riz (préalablement lavé) en pluie, mélangez, laissez cuire 15 minutes à feu doux.

3 Quand le riz est cuit, passez-le au mixeur avec son jus pour le réduire en crème veloutée, transvasez-le dans un ramequin et laissez refroidir complètement.

Riz au miel

9 MOIS

20 cl de lait • 1 c. à café de miel au choix • 40 g de riz à grain rond

1 Versez le lait dans une petite casserole, portez à frémissement sur feu très doux pour qu'il ne déborde pas. Dès qu'il est chaud, délayez-y le miel.

2 Jetez-y le riz (préalablement lavé) en pluie, mélangez, laissez cuire 15 minutes à feu doux.

3 Quand le riz est cuit, transvasez-le dans un ramequin avec son jus et laissez refroidir complètement : le riz finira d'absorber le lait en refroidissant.

NOTE **Ce riz est délicieux accompagné d'une mousse de fruits frais : abricots, mangue, cerises, pêche, reines-claudes, mirabelles ou autres, lavés, dénoyautés et mixés crus.**

porridge

riz au lait velouté

Mont-Blanc au petit-suisse

riz au miel

Crème à la vanille

12 MOIS • POUR 2 RAMEQUINS

1/4 de litre de lait • 1 c. à soupe de sucre en poudre • 1/4 de gousse de vanille • 1 œuf

1 Faites bouillir le lait avec le sucre en poudre et la gousse de vanille fendue en deux, sans le laisser déborder. Au premier bouillon, retirez du feu et laissez tiédir.

2 Battez l'œuf entier en omelette, au fouet, dans une terrine, en incorporant peu à peu le lait tiède (après avoir ôté la vanille).

3 Versez la préparation dans des ramequins. Faites cuire à la vapeur (pendant 20 minutes, en protégeant les ramequins avec des carrés d'aluminium), ou au four (pendant 30 minutes au bain-marie, à chaleur moyenne : 180 °C-thermostat 6).

4 Laissez refroidir complètement avant de présenter un ramequin à votre bébé.

VARIANTE remplacez le sucre en poudre par de la cassonade (sucre de canne roux, en poudre) : c'est encore meilleur !

Petits sablés au citron

12 MOIS • POUR 50 SABLÉS ENVIRON

100 g de sucre en poudre • sel • 1 œuf • 250 g de farine • 65 g de beurre • 1 citron non traité

1 Dans une terrine, travaillez le sucre en poudre, une petite pincée de sel et l'œuf entier, à la fourchette ou au fouet, jusqu'à ce que le mélange blanchisse et fasse ruban.

2 Incorporez alors la farine, d'un seul coup, et mélangez rapidement avec les doigts, jusqu'à ce que vous obteniez une consistance sableuse.

3 Ajoutez le beurre ramolli à température ambiante et coupé en petits morceaux (ou juste fondu, mais pas chaud), pétrissez rapidement pour redonner de l'onctuosité. Abaissez grossièrement la pâte au rouleau à pâtisserie.

4 Brossez le citron sous l'eau courante, essuyez-le et râpez finement le zeste (il existe de petits « zesteurs » spécialement conçus à cet usage). Éparpillez-le sur toute la surface de la pâte. Imprimez un tour de rouleau. Roulez à nouveau en boule et laissez reposer 1 heure sous un torchon.

5 Abaissez la pâte au rouleau en une grande feuille de 2 à 3 mm d'épaisseur environ. Découpez-y des formes à l'emporte-pièce.

6 Rangez les sablés sur la plaque du four très légèrement beurrée. Mettez au four préchauffé (200 °C-thermostat 6/7) et laissez cuire 12 à 15 minutes selon leur épaisseur : attention, ils ne doivent pas brunir !

7 Dès qu'ils sont prêts, légèrement dorés et croustillants, décollez-les de la plaque et laissez-les refroidir sur une grille.

NOTE Ces biscuits se conservent parfaitement dans une boîte en fer, à l'abri de l'air et de la lumière.

Crème renversée

12 MOIS • POUR 2 RAMEQUINS

1/4 de litre de lait • 1/4 de gousse de vanille • 3 œufs • 50 g de sucre en poudre • 1 petite noisette de beurre

1 Dans une casserole, faites bouillir le lait avec la gousse de vanille fendue en deux, sans le laisser déborder. Au premier bouillon, retirez du feu et laissez tiédir.

2 Dans une terrine, battez les œufs entiers et le sucre en poudre, vigoureusement, jusqu'à ce que la préparation devienne crémeuse. Incorporez peu à peu le lait tiédi, après avoir ôté la vanille. Versez dans les ramequins préalablement beurrés.

3 Placez dans le four préchauffé. Laissez cuire 40 minutes (1 heure pour un grand moule) au bain-marie (dans la plaque creuse du four remplie d'eau bouillante), à four moyen (180 °C-thermostat 6).

4 Pour servir, laissez complètement refroidir et démoulez (« renversez ») sur une assiette.

Tartines

12 MOIS

Peut-être avez-vous l'habitude de donner quelques biscuits à votre bébé pour son goûter ? De temps en temps, pourquoi pas (voir la recette des sablés au citron), mais pas tous les jours ! Alternez avec des laitages et des compotes de fruits, et proposez-lui plutôt une tartine de pain qu'un gâteau.

Afin d'éviter la monotonie, pensez à varier la nature du pain : pain blanc ou baguette, pain de campagne, pain au levain, pain complet, pain de seigle, pain au son, pain de mie, pain brioché, pain aux noix, pain d'épices, etc. Évitez cependant les biscottes, qui contiennent beaucoup de sucre.

- pain + beurre,
- pain + beurre + sucre vanillé,
- pain + beurre + miel,
- pain + beurre + cassonade,
- pain + beurre + chocolat râpé (1 carré),
- pain + confiture au choix,
- pain d'épices + beurre,
- pain + beurre + noix hachée (une seule),
- pain + beurre + fromage,
- pain + beurre + crevettes hachées (le beurre peut être coloré en jaune par une pointe de safran ou de curry doux),
- pain + beurre + cannelle (1 pincée),
- pain + beurre + herbes aromatiques (persil, cerfeuil, aneth, estragon, basilic, ciboulette, etc.) bien lavées et finement ciselées,
- pain + crème de pruneaux,
- pain + petit-suisse mixé avec 1/2 tranche de jambon cuit bien maigre,
- pain + petit-suisse mixé avec 1 noix de roquefort + quelques feuilles de céleri hachées,
- pain + beurre + sardine à l'huile sans peau ni arêtes, en miettes,
- pain + beurre ou petit-suisse mixé avec 1 cuillerée à café de pâte de noisettes,
- pain + crème de gruyère ou fromage fondu,
- pain + petit-suisse mixé avec crème de marrons vanillée,
- pain + beurre + gruyère râpé,
- pain + petit-suisse mixé avec 1 jaune d'œuf dur + persil haché,
- pain perdu (tranche de pain rassis trempée dans du lait, puis dans l'œuf battu, roulée dans du sucre en poudre et cuite à la poêle, dans du beurre fondu jusqu'à ce qu'elle soit bien dorée sur ses deux faces), etc.

Vous n'avez que l'embarras du choix !

Semoule meringuée

12 MOIS

20 cl de lait • 1 c. à soupe de sucre en poudre ou de cassonade • 40 g de semoule de blé ou de maïs (ou 20 g de chaque) • 1 œuf • 10 g de fruits confits • 1 petite noisette de beurre (5 g environ) • 1 c. à café de sucre glace

1 Versez le lait dans une casserole. Portez à frémissement sur feu très doux pour qu'il ne déborde pas.

2 Dès qu'il est chaud, délayez-y le sucre ou la cassonade, puis jetez-y la semoule en pluie, et laissez cuire 10 à 15 minutes à feu doux, sans cesser de mélanger avec une cuillère de bois.

3 Laissez tiédir, puis incorporez le jaune d'œuf en battant vigoureusement, et enfin les fruits confits hachés.

4 Versez dans un petit plat à four (ou un ramequin) préalablement beurré.

5 Montez le blanc d'œuf en neige ferme en incorporant peu à peu le sucre glace. Étalez cette préparation sur la semoule.

6 Mettez dans le four préchauffé. Laissez dorer 5 minutes à peine à four chaud (220 °C-thermostat 7).

7 Laissez refroidir complètement.

NOTE Les fruits confits sont facultatifs, surtout si votre bébé a déjà tendance à manger trop sucré.

VARIANTE Mixez une demi-pêche (crue ou pochée) et mélangez la purée obtenue à la semoule avant de la faire meringuer.

Mini-omelette

12 MOIS

I œuf • I petite noisette de beurre (5 g environ) • sel • I c. à soupe de lait concentré non sucré

1 Cassez l'œuf dans un bol, battez-le en omelette avec quelques grains de sel et le lait concentré.

2 Faites fondre le beurre dans une poêle de petit diamètre (10 cm environ, genre poêle à blinis), mais sans le laisser colorer.

3 Dès qu'il est chaud, versez-y l'œuf battu et faites cuire l'omelette en la retournant ou en la pliant, selon votre méthode préférée.

NOTE Vous pouvez aussi prélever la valeur d'un œuf sur l'omelette prévue pour le repas familial.

Mousse au chocolat*

12 MOIS

I barre de chocolat* à croquer de 10 g (2 carrés environ) • 10 g de beurre • I œuf extra-frais • I c. à soupe de sucre en poudre • I c. à café de crème fleurette

1 Au-dessus d'une petite casserole, faites fondre au bain-marie, dans une assiette, le chocolat et le beurre. Retirez du feu dès qu'ils sont fondus car ils ne doivent pas cuire. Mélangez pour obtenir une pâte homogène.

2 Dans une terrine, travaillez le jaune d'œuf et le sucre en poudre au fouet, jusqu'à ce que le mélange blanchisse et devienne mousseux.

3 Incorporez la pâte de chocolat, délayez soigneusement.

4 Montez le blanc d'œuf en neige ferme, incorporez-le délicatement à la préparation.

5 Fouettez encore la crème pour la rendre mousseuse, incorporez-la également à la préparation.

6 Servez frais, mais pas glacé, si possible après 2 ou 3 heures au réfrigérateur (vous la sortirez un peu à l'avance).

VARIANTES Remplacez le chocolat à croquer par du chocolat blanc ; remplacez le chocolat et le beurre par I cuillerée à soupe de pâte de noisettes.

Mousse de banane à la noix de coco

9 MOIS

I banane bien mûre • I c. à soupe de pulpe de noix de coco râpée • 1/4 de citron

1 Pelez la banane sans oublier de retirer les longs filaments blancs, coupez-la en morceaux.

2 Mettez-les dans le mixeur avec la pulpe de coco et quelques gouttes de jus de citron. Réduisez en purée mousseuse.

3 Transvasez dans une coupelle.

Œufs à la neige

12 MOIS

Mêmes ingrédients que pour la crème anglaise (voir page 89)• les blancs d'œufs • I c. à café de sucre glace (I c. à soupe pour 12 œufs)

1 Préparez la crème anglaise selon la recette page 89.

2 Montez les blancs en neige ferme, en y incorporant peu à peu le sucre glace.

3 Quand ils sont bien fermes, prélevez-en des cuillerées, que vous ferez pocher par fournées, I minute par face, dans une casserole d'eau bouillante (ou de lait).

4 Retirez-les au fur et à mesure à l'aide d'une écumoire, laissez-les s'égoutter un peu, puis disposez-les à la surface de la crème.

5 Pour votre bébé, ne mettez qu'un seul blanc à la surface de son ramequin.

mini-omelette

mousse de banane à la noix de coco

mousse au chocolat

œufs à la neige

Crêpes à la confiture

12 MOIS • POUR 12 CRÊPES ENVIRON

100 g de farine • 1 pincée de sel • 3 œufs • 30 g de beurre • 1/4 de litre • 1 cube de lard gras frais • confitures variées (abricots, fruits rouges, gelée de groseilles, etc.)

1 Mettez la farine et le sel dans un saladier. Creusez un puits, cassez-y les œufs entiers. Travaillez peu à peu à la fourchette ou au fouet jusqu'à ce que le mélange devienne homogène. Ajoutez le beurre juste fondu, puis délayez peu à peu avec le lait. Laissez reposer 30 minutes.

2 Faites chauffer une petite poêle (18 à 20 cm de diamètre), piquez le cube de lard gras au bout d'une fourchette, graissez-en la poêle.

3 Versez une petite louche de pâte dans la poêle et inclinez-la en tous sens pour que la pâte se répartisse sur tout le fond.

4 Laissez cuire sur la première face jusqu'à ce que de petites cloques se forment à la surface de la crêpe et qu'elle se décolle du fond.

5 Retournez la crêpe à l'aide d'une spatule, sans la briser. Laissez dorer et cloquer 1 minute sur la deuxième face.

6 Procédez ainsi jusqu'à épuisement de la pâte, sans oublier de graisser la poêle à chaque fois avec le lard.

7 Étalez un peu de confiture sur la crêpe de votre bébé, roulez-la et donnez-la lui à la cuillère.

NOTE Autre méthode pour préparer la pâte à crêpes : ne mettez que les jaunes au départ, et ajoutez les blancs battus en neige juste au moment de préparer les crêpes.

VARIANTES Saupoudrez la crêpe de votre bébé avec au choix, 1 c. à café de sucre en poudre ou 1 c. à café de sucre vanillé ou 1 c. à café de cassonade, roulez-la et donnez-la lui à la cuillère. Vous pouvez aussi remplacer le sucre par une petite cuillerée de miel ou de sirop d'érable.

Œuf au lait

12 MOIS • POUR 2

20 cl de lait • 1 c. à soupe de sucre en poudre • 1 œuf • quelques gouttes d'eau de fleurs d'oranger

1 Faites bouillir le lait avec le sucre, en veillant à ce qu'il ne déborde pas.

2 Battez l'œuf en omelette avec quelques gouttes d'eau de fleurs d'oranger, puis versez le lait peu à peu, sans cesser de battre vigoureusement pour que l'œuf n'ait pas le temps de cuire au contact du lait chaud.

3 Versez la crème dans deux ramequins. Recouvrez avec une feuille d'aluminium pour empêcher la condensation de retomber à l'intérieur, et faites cuire 15 minutes à la vapeur.

4 Servez tiède ou froid, mais pas glacé.

NOTE Vous pouvez aussi cuire la crème au four, au bain-marie, 20 minutes à four chaud (220 °C-thermostat 7/8).

Compote de rhubarbe

12 MOIS

120 g de rhubarbe • 2 c. à soupe de sucre en poudre

1 La veille, coupez les tiges de rhubarbe au ras des feuilles (ne conservez pas ces dernières, elles sont toxiques), retirez la fine pellicule qui les recouvre à l'aide d'un petit couteau pointu, puis coupez-les en petits tronçons.

2 Mettez la rhubarbe dans une terrine avec le sucre. Laissez macérer pendant 12 heures en mélangeant de temps en temps.

3 Versez le contenu de la terrine dans une casserole avec un demi-verre d'eau. Laissez cuire 30 minutes sur feu très doux, en terminant la cuisson à couvert si le jus réduit trop.

4 Passez la rhubarbe au mixeur pour la réduire en fine compote.

5 Transvasez dans un ramequin. Servez frais.

crêpes à la confiture

compote de rhubarbe

œuf au lait

Yaourts et fromages blancs

Suggestions pour aromatiser les yaourts, les petits-suisses et le fromage blanc… autrement qu'avec la traditionnelle cuillerée de sucre en poudre. Au fait, l'avez-vous déjà fait essayer nature à votre bébé ?

- 1 c. à café de cassonade (sucre de canne roux en poudre),
- 1 c. à café de miel liquide (acacia, tilleul, mille fleurs),
- 1 c. à café de miel de poires (voir page 34),
- 1 c. à café de confiture au choix,
- 1 c. à soupe de coulis de fruits frais (abricots, pêche, mangue, cerises, ananas, fraises, prunes),
- 1 c. à soupe de compote au choix,
- 1 c. à café de sirop d'érable,
- 1 c. à soupe de pulpe de noix de coco râpée, fraîche ou séchée (20 g environ),
- 1 c. à café de pâte de noisettes,
- 1 sachet de sucre vanillé,
- 1 carré de chocolat noir râpé,
- 1 c. à soupe d'herbes aromatiques (persil, cerfeuil, ciboulette, estragon, basilic, menthe, aneth, etc.) bien lavées et finement hachées,
- 1/2 carotte, râpée crue ou moulinée cuite,
- 1 portion de fromage fondu (malaxez ensemble),
- 1 noix de roquefort + 1 noix hachée,
- quelques gouttes d'eau de fleurs d'oranger,
- 1/2 pomme râpée crue et quelques gouttes de jus de citron,
- quelques radis hachés crus,
- 1 sardine à l'huile sans peau ni arêtes et quelques gouttes de jus de citron,
- 1 tranche de pain d'épices et quelques gouttes de jus d'orange,
- 1 trait de sirop, etc.

NOTE Veillez à équilibrer petits-déjeuners, desserts et goûters de manière à répartir laitages et sucres au cours de la journée. Si votre bébé est petit, proposez-lui essentiellement des aliments doux et digestes. S'il est plus grand (à partir de 1 an), proposez-lui un éventail plus large, même des recettes fantaisistes, à condition toutefois de respecter son équilibre alimentaire et de ne pas surcharger ses menus de recettes trop riches !

Cake aux carottes

12 MOIS • POUR UN CAKE

300 g de carottes • 100 g de noisettes décortiquées ou d'amandes mondées • 4 œufs • 150 g de sucre en poudre • 1 citron • 100 g de farine • 1 sachet de levure chimique en poudre • 20 g de beurre

1 Pelez, lavez et râpez les carottes.

2 Passez les noisettes au mixeur pour les réduire en poudre.

3 Cassez les œufs en séparant les blancs des jaunes. Travaillez les jaunes dans une terrine avec le sucre en poudre jusqu'à ce que le mélange blanchisse et devienne mousseux. Incorporez alors le jus du citron puis, cuillerée par cuillerée, la farine, et enfin la levure.

4 Par ailleurs, montez les blancs d'œufs en neige ferme. Incorporez-les délicatement à la préparation, en les enrobant sans les casser.

5 Beurrez un moule à cake avec le beurre et versez-y la préparation en lissant la surface.

6 Mettez dans le four préchauffé. Laissez cuire 45 minutes à four assez chaud (200 °C-thermostat 6).

7 Laissez refroidir complètement avant de démouler. Donnez-en une tranche à votre bébé pour son petit-déjeuner.

NOTE Ce cake se conserve 5 ou 6 jours sans sécher si vous prenez soin de l'envelopper dans une feuille d'aluminium.

Crème caramel

12 MOIS

Il s'agit en fait d'une crème renversée (voir recette page 80), préparée dans un moule caramélisé, et non pas beurré. Comptez un morceau de sucre par ramequin pour le caramel.

yaourts et fromages blancs

cake aux carottes

crème caramel

Gâteau de riz au caramel
9 MOIS

20 cl de lait • 1 sachet de sucre vanillé • 40 g de riz rond • 2 morceaux de sucre • 1 jaune d'œuf

1 Versez le lait dans une casserole, portez à frémissement sur feu très doux pour qu'il ne déborde pas. Dès qu'il est chaud, délayez-y le sucre vanillé.

2 Jetez le riz (préalablement lavé) en pluie dans le lait, mélangez, laissez cuire 10 minutes sur feu doux, puis laissez tiédir.

3 Pendant ce temps, préparez le caramel : passez les morceaux de sucre sous le robinet d'eau froide, assez rapidement, et mettez-les aussitôt dans une petite casserole à fond épais (pas d'aluminium), sur feu doux. Laissez caraméliser.

4 Versez le caramel dans un ramequin et faites-le couler régulièrement sur les parois internes.

5 Quand le riz est tiède, incorporez le jaune d'œuf en battant vigoureusement.

6 Versez la préparation dans le ramequin caramélisé. Laissez refroidir complètement, 12 heures si possible pour que le caramel imprègne bien le riz, et démoulez sur une assiette pour servir.

NOTE À partir de 12 mois, vous pourrez encore incorporer quelques fruits confits hachés.

Crème au chocolat
12 MOIS POUR 2 RAMEQUINS

1/4 de litre de lait • 1 c. à soupe de sucre en poudre • 2 carrés de chocolat à croquer (ou 1 barre de 10 g) • 1 œuf

1 Faites bouillir le lait avec le sucre en poudre, sans le laisser déborder. Retirez aussitôt du feu, faites-y fondre le chocolat et laissez tiédir.

2 Dans une terrine, battez l'œuf entier en omelette, au fouet, puis délayez peu à peu avec le lait tiède, sans cesser de fouetter.

3 Versez la préparation dans des ramequins. Recouvrez chacun d'eux d'un carré d'aluminium pour empêcher la condensation de retomber à l'intérieur. Faites-les cuire 20 minutes à la vapeur.

4 Laissez refroidir complètement et servez à votre bébé dans le ramequin.

NOTE Vous pouvez aussi faire cuire la crème à four moyen (180 °C-thermostat 6), au bain-marie. Comptez alors 30 minutes de cuisson.

Crème anglaise
6 MOIS / POUR 2 RAMEQUINS ENVIRON

1/4 de litre de lait • 1/4 de gousse de vanille • 3 jaunes d'œuf • 50 g de sucre en poudre

1 Dans une casserole, faites bouillir le lait avec la gousse de vanille fendue en deux et bien raclée. Retirez aussitôt du feu et laissez tiédir.
2 Dans une terrine, battez les jaunes d'œuf avec le sucre en poudre jusqu'à ce que la préparation blanchisse et devienne mousseuse.
3 Otez la vanille, puis reversez la crème dans la casserole ; délayez alors peu à peu avec le lait tiède. Faites cuire sur feu doux sans cesser de remuer, jusqu'à ce que la crème nappe la cuillère, mais surtout sans laisser bouillir, car la crème tournerait aussitôt. Retirez du feu.
4 Versez la crème dans des ramequins et laissez refroidir complètement.

NOTE Si, par mégarde, vous laissez cuire la crème trop longtemps et qu'elle « tourne », passez-la au mixeur pour la rattraper !

Crêpe à l'œuf
12 MOIS

1 crêpe* • 1 petite noisette de beurre (5 g environ) • 1 œuf • 1 c. à soupe de crème fraîche • sel • quelques brins de ciboulette

1 Beurrez un carré d'aluminium. Disposez-y une crêpe. Cassez un œuf par-dessus, ajoutez une cuillerée à soupe de crème fraîche, salez très

légèrement et parsemez de ciboulette hachée (préalablement lavée). Repliez la crêpe en trois dans un sens, puis dans l'autre, en rabattant les extrémités en dessous. Rabattez alors la feuille d'aluminium pour former une papillote.

2 Passez la papillote 8 à 10 minutes à la vapeur, déballez-la et faites glisser la crêpe fourrée sur l'assiette de votre bébé.

Œuf poché

12 MOIS

1 filet de vinaigre de vin • 1 œuf extra-frais (ou frais pondu si vous habitez à la campagne)

1 Versez 1/2 litre d'eau dans une petite casserole. Ajoutez un filet de vinaigre. Portez à frémissement.

2 Cassez l'œuf dans une tasse.

3 Dès que l'eau bout, approchez la tasse de la surface de l'eau et renversez-la d'un coup sec afin que l'œuf coagule en masse et que le blanc ne se sépare pas du jaune. Laissez pocher 3 minutes.

4 Retirez l'œuf à l'aide d'une écumoire. Vous pouvez ébarber le blanc avec un petit couteau (ou aux ciseaux de cuisine) pour donner un joli contour.

NOTE Ne salez pas, le sel empêcherait le blanc de coaguler ! Un truc encore plus simple pour pocher l'œuf sans le déformer consiste à le casser dans une louche et à plonger celle-ci dans le liquide en ébullition.

Œuf cocotte

12 MOIS

1 noisette de beurre (5 g environ) • 1 œuf • 1 c. à soupe de crème fraîche • 20 g de gruyère râpé • 2 branches de persil plat • 1 petite pincée de sel • noix de muscade

1 Beurrez un ramequin avec la moitié du beurre. Cassez-y l'œuf entier, ajoutez la crème fraîche, le gruyère râpé et le persil haché. Salez légèrement et râpez un soupçon de noix de muscade. Terminez par le reste de beurre.

2 Placez le ramequin au bain-marie, dans la plaque creuse du four préchauffé, remplie d'eau bouillante. Laissez cuire 8 minutes à four chaud (220 °C-thermostat 7/8), jusqu'à ce que le blanc soit pris (le jaune doit rester moelleux).

3 Servez dès que votre bébé peut toucher le ramequin sans risquer de se brûler.

NOTE Il est essentiel que l'eau du bain-marie soit bouillante, sinon, pendant le temps que l'eau mettrait à chauffer, le jaune aurait le temps de se solidifier. Une bonne astuce consiste à préchauffer le ramequin (en le plongeant quelques minutes dans l'eau bouillante, par exemple). Vous pouvez aussi faire cuire l'œuf cocotte à la vapeur, en le protégeant alors avec un carré d'aluminium pour empêcher la condensation de tomber à l'intérieur du ramequin.

Vous pouvez varier la garniture de l'œuf cocotte à l'infini : purée de tomate, roquefort, jambon haché, blanc de volaille effiloché, miettes de poisson blanc, foie de poulet mouliné, etc.

ŒUF COCOTTE À L'OSEILLE Procédez comme pour l'œuf cocotte mais incorporez, en même temps que la crème fraîche, 1 cuillerée à soupe de purée d'oseille que vous obtiendrez comme suit : triez une petite touffe d'oseille, coupez les queues au ras des feuilles, lavez soigneusement et faites cuire 10 minutes à la vapeur. Essorez et hachez finement au couteau.

Œuf au plat à la vapeur

12 MOIS

Avec cette méthode de cuisson, l'œuf au plat sera beaucoup plus digeste pour votre bébé !

1 petite noisette de beurre (5 g environ) • 1 œuf extra-frais (ou frais pondu si vous habitez à la campagne) • 1 petite pincée de sel

1 Beurrez un petit plat ou un ramequin de 10 cm de diamètre environ. Cassez l'œuf de manière à ce que le blanc s'étale bien. Salez.

2 Recouvrez le plat ou le ramequin d'un carré d'aluminium pour empêcher la condensation de retomber à l'intérieur, et faites cuire 5 minutes à la vapeur.

3 Décollez l'œuf du plat et faites-le glisser sur l'assiette de votre bébé.

Muffins au riz

12 MOIS • POUR 4 MUFFINS ENVIRON

30 g de riz • 50 g de farine • 1 c. à soupe de sucre en poudre (10 g environ) • 1 œuf • 20 g de beurre • 10 cl de lait

1 Lavez le riz et jetez-le dans une casserole d'eau bouillante. Laissez cuire pendant 15 minutes, puis égouttez.

2 Dans une terrine, mélangez la farine et le sucre, creusez un puits, cassez-y l'œuf entier, et versez-y la moitié du beurre juste fondu. Travaillez jusqu'à ce que vous obteniez une pâte homogène, sans grumeaux, puis délayez avec le lait.

3 Incorporez alors le riz et mélangez jusqu'à ce qu'il soit bien réparti.

4 Versez cette préparation dans des moules à tartelette préalablement beurrés avec le reste de beurre.

5 Mettez dans le four préchauffé. Laissez cuire 20 minutes environ à four chaud (220 °C-thermostat 7).

6 Démoulez les muffins au sortir du four, donnez-en un à votre bébé pour son petit-déjeuner, tiède ou froid (les autres se conservent plusieurs jours au réfrigérateur).

Compote de figues fraîches

12 MOIS

2 ou 3 figues violettes, bien mûres, mais non blettes • 1 sachet de sucre vanillé • 1/4 de citron • 1 c. à soupe de crème fleurette

1 Pelez les figues, coupez-les en quartiers, mettez-les dans une petite casserole avec le sucre vanillé, quelques gouttes de jus de citron et 2 cuillerées à soupe d'eau. Laissez mijoter 10 minutes à peine sur feu doux, en mélangeant.

2 Versez le contenu de la casserole dans une petite assiette, écrasez bien à la fourchette et, dès que la compote a suffisamment tiédi, arrosez de crème fleurette et présentez à votre bébé.

Ramequins de tapioca aux petits-suisses

12 MOIS • POUR 3 RAMEQUINS

20 cl de lait • 40 g de beurre • 40 g de sucre en poudre • 40 g de tapioca • 2 petits-suisses à 40 % de matières grasses • 2 œufs

1 Mettez le lait, 30 g de beurre et le sucre en poudre dans une petite casserole. Portez à frémissement. Jetez aussitôt le tapioca en pluie, et laissez cuire 7 minutes sans cesser de mélanger avec une cuillère en bois, afin que la préparation n'attache pas.

2 Hors du feu, incorporez les petits-suisses, puis les œufs entiers, en battant vigoureusement.

3 Versez dans les ramequins préalablement beurrés avec le reste de beurre.

4 Faites cuire 30 minutes à four moyen (180 °C-thermostat 6), au bain-marie (dans la plaque creuse du four remplie d'eau bouillante), ou 20 minutes à la vapeur (dans ce cas, recouvrez chaque ramequin d'un carré d'aluminium pour empêcher la condensation de retomber dans les ramequins).

5 Servez tiède ou froid.

Fondant au fromage

12 MOIS

2 petits-suisses (120 g) • 1 noix de roquefort ou de bleu d'Auvergne (10 g environ) • 1 petite branche de céleri

1 Mixez les petits-suisses, le roquefort et les feuilles de céleri bien lavées, jusqu'à ce que vous obteniez une crème lisse et homogène.

2 Transvasez dans un petit ramequin.

muffins au riz

ramequins de tapioca aux petits-suisses

compote de figues fraîches

fondant au fromage

Pancakes au sirop d'érable

12 MOIS • POUR 2 (4 PANCAKES ENVIRON)

20 cl de lait • 30 g de beurre • 80 g de farine • 1 c. à soupe bombée de sucre en poudre • 1 c. à café de levure chimique en poudre • 1 petite pincée de sel • 1 œuf • 1 cube de lard gras frais (50 g environ) • sirop d'érable

1 Versez le lait dans une petite casserole. Ajoutez le beurre. Laissez chauffer sur feu doux jusqu'à ce que le beurre ait fondu. Retirez aussitôt du feu.

2 Dans une terrine, mélangez la farine, le sucre, la levure et le sel. Creusez un puits et cassez-y l'œuf entier. Travaillez au fouet jusqu'à ce que vous obteniez une pâte lisse et homogène. Délayez alors avec le lait pour obtenir une pâte fluide.

3 Faites chauffer une poêle de petit diamètre, sur feu moyen. Quand elle est bien chaude, graissez-la à l'aide du morceau de lard piqué au bout d'une fourchette, puis versez-y rapidement 2 cuillerées à soupe de pâte. Étalez-la en inclinant la poêle en tous sens, de manière à obtenir une petite crêpe assez épaisse. Laissez cuire la première face 2 à 3 minutes, puis retournez la crêpe et faites-la cuire 1 minute sur la deuxième face.

4 Procédez ainsi jusqu'à épuisement de la pâte, sans oublier de graisser la poêle entre deux crêpes.

5 Rangez les pancakes sur une assiette. Servez-les tièdes, après les avoir arrosés d'une cuillerée à café de sirop d'érable.

Lait de poule verdurette

12 MOIS

1 petit bouquet d'herbes aromatiques mélangées • 20 cl de lait • 1 œuf

1 Triez et lavez soigneusement les herbes. Hachez-les le plus finement possible.

2 Mettez-les dans une petite casserole avec le lait. Portez à frémissement, retirez du feu et laissez tiédir.

3 Cassez l'œuf en séparant le blanc du jaune ; ne conservez que le jaune, en éliminant les germes. Mettez-le dans un bol.

4 Délayez peu à peu avec le lait tiède, en tamisant éventuellement au chinois si votre bébé ne sait pas boire au verre.

5 Donnez à boire au bol, au verre ou au biberon.

Brioche à la coque

12 MOIS

1 petite brioche à chapeau • 1 petite noisette de beurre • 1 œuf • 1 c. à café de crème fraîche • noix de muscade

1 Retirez le chapeau de la brioche, creusez-la légèrement sans l'abîmer. Beurrez légèrement l'intérieur de la brioche et cassez-y l'œuf entier.

2 Ajoutez une petite cuillerée de crème fraîche et râpez un soupçon de noix de muscade.

3 Mettez dans le four préchauffé. Faites cuire 10 minutes à four chaud (220 °C-thermostat 7) : le blanc de l'œuf doit être complètement coagulé.

Œuf brouillé

12 MOIS

1 petite noisette de beurre • 1 œuf • 1 petite pincée de sel • 1 c. à soupe de crème fraîche

1 Beurrez un petit poêlon ou une petite casserole. Cassez-y l'œuf et crevez-le sans le battre. Salez très légèrement.

2 Placez le poêlon sur feu très doux (ou au bain-marie), et laissez cuire sur feu très doux, sans cesser de tourner avec une cuillère en bois.

3 Quand l'œuf est presque cuit, ajoutez la crème fraîche et tournez encore deux ou trois fois : le blanc de l'œuf doit rester moelleux, sans dessécher.

4 Faites glisser aussitôt dans l'assiette de votre bébé.

pancakes au sirop d'érable

brioche à la coque

lait de poule verdurette

œuf brouillé

Purée mimosa

12 MOIS

300 g de purée de pommes de terre (voir recette) • 100 g de fromage blanc battu à 40 % de matières grasses • 1 œuf

1 Préparez environ 300 g de purée de pommes de terre à l'ancienne.

2 Faites durcir l'œuf, passez-le sous l'eau froide et écalez-le.

3 Quand la purée est prête, incorporez-y le fromage blanc en battant vigoureusement pour obtenir une purée mousseuse et légère.

4 Avant de servir, passez l'œuf dur à la moulinette au-dessus de la purée.

Crème de laitue

9 MOIS

1 laitue • 2 branches de persil plat • 1 petite pincée de sel • 1 jaune d'œuf • 2 c. à soupe de lait • 1/4 de citron

1 Épluchez et lavez la laitue, coupez-la en quartiers. Lavez aussitôt le persil.

2 Mettez le tout dans une casserole avec 3/4 de litre d'eau et une toute petite pincée de sel. Portez à frémissement pendant 40 minutes, sur feu doux.

3 Passez le contenu de la casserole au mixeur, et versez la crème obtenue dans une assiette.

4 Dans un bol, mélangez le jaune d'œuf, le lait et quelques gouttes de jus de citron jusqu'à ce que vous obteniez une sauce fluide.

5 Versez-la dans l'assiette de votre bébé et battez vigoureusement pour lier la soupe sans cuire l'œuf !

NOTE La laitue a des propriétés adoucissantes, et passe en outre pour favoriser le sommeil. Une recette à essayer le soir !

Crème de lentilles

9 MOIS

50 g de lentilles • 1 poireau • 1 carotte • 2 branches de persil plat • 1 brindille de thym • 1 petite pincée de sel • 1 c. à soupe de crème fraîche ou 50 g de fromage blanc battu à 40 % de matières grasses.

1 Lavez les lentilles. Épluchez et lavez le poireau en ne conservant que le blanc et un peu de vert. Pelez et lavez la carotte. Lavez le persil.

2 Mettez les lentilles, le poireau et la carotte en rondelles dans une casserole avec 3/4 de litre d'eau froide, le persil et le thym. Portez à frémissement sur feu doux pendant 1 heure, en ne salant qu'à mi-cuisson pour ne pas durcir les légumes.

3 Passez le contenu de la casserole au mixeur après avoir ôté le thym.

4 Versez la crème de lentilles dans une assiette ; ajoutez la crème (ou le fromage blanc) et attendez que la température convienne à votre bébé.

NOTE Les lentilles sont riches en fer, tout le monde le sait. Mais on ne sait pas toujours qu'il ne sert absolument à rien de les faire tremper avant la cuisson !

purée mimosa

crème de lentilles

crème de laitue

Vermicelles de légumes

9 MOIS

1 carotte • 1 navet • 1 poireau • 2 branches de persil plat • quelques grains de sel

1 Épluchez soigneusement les légumes, lavez-les et taillez-les en julienne, c'est-à-dire en minces filaments, comme du vermicelle. Lavez aussi le persil.

2 Mettez tous ces légumes dans une casserole avec 1 litre d'eau froide et quelques grains de sel. Laissez cuire 1 heure à petit feu.

3 Servez le bouillon dans une assiette, avec ses vermicelles de légumes (mais en éliminant le persil). Ajoutez une petite noisette de beurre et mélangez jusqu'à ce que la température convienne à votre bébé.

NOTE Si vous ne souhaitez donner que le bouillon à votre bébé, inutile de tailler les légumes en julienne. Reportez-vous alors aux recettes de bouillons de légumes des pages 36 et 38.

Pour un repas plus consistant, ajoutez quelques vrais vermicelles aux vermicelles de légumes, quelques minutes avant la fin de cuisson.

Crème de citrouille au gorgonzola

9 MOIS

100 g de citrouille • 2 branches de persil plat • 1/2 litre de lait • 1 petite pincée de sel • noix de muscade • 20 g de gorgonzola doux

1 Épluchez la citrouille en éliminant soigneusement l'écorce, les fibres et les graines. Coupez-la en dés. Lavez le persil.

2 Mettez le tout dans une casserole avec le lait, une toute petite pincée de sel et un soupçon de noix de muscade. Portez à frémissement très doux pendant 30 minutes, en veillant à ce que le lait ne déborde pas.

3 Passez le contenu de la casserole au mixeur, avec le gorgonzola (sans sa croûte, bien sûr).

4 Pour servir, transvasez dans l'assiette de votre bébé.

NOTE Si vous remplacez le gorgonzola par du fromage blanc à 40 % de matières grasses, vous pourrez donner cette soupe à votre bébé dès 5 mois.

Potage alphabet

9 MOIS

1 carotte • 1 pomme de terre • 1 blanc de poireau • 25 cl de lait • 1 petite pincée de sel • noix de muscade • 20 g de pâtes à potage alphabet (1 grosse c. à soupe) • 1 petite noisette de beurre (5 g environ)

1 Épluchez soigneusement les légumes, lavez-les, coupez-les en gros dés et faites-les cuire 20 minutes à la vapeur.

2 Passez les légumes au mixeur pour les réduire en purée.

3 Mettez la purée obtenue dans une casserole, délayez peu à peu avec le lait, ajoutez une toute petite pincée de sel, râpez un soupçon de noix de muscade, portez à frémissement sur feu doux, puis laissez mijoter 10 minutes, tout doucement.

4 Jetez alors les pâtes en pluie. Laissez cuire 5 minutes environ, jusqu'à ce qu'elles soient bien tendres, en mélangeant souvent avec une cuillère en bois.

5 Versez dans une assiette, ajoutez une noisette de beurre, mélangez jusqu'à ce que la température convienne à votre bébé.

NOTE Si votre bébé a bon appétit, vous pouvez lier la soupe, dans son assiette, avec un jaune d'œuf que vous délayerez vigoureusement.

La cuisson à la vapeur conserve aux légumes leurs vitamines et leurs sels minéraux, mais rien ne vous empêche de les faire cuire à l'eau. Dans ce cas, comptez 30 minutes de cuisson au lieu de 20.

Potage de cresson aux champignons

9 MOIS

Le cresson est riche en vitamines, en fer et en potassium. Quant aux champignons, ils sont riches en sels minéraux (potassium notamment) et en protéines végétales… au point d'apporter plus de protéines que la viande !

1 grosse poignée de cresson • 50 g de chapeaux de champignons de couche frais (champignons dits de Paris ou agarics rosés) • 1 petite pincée de sel • 10 cl de lait • paprika doux • 1 petite noisette de beurre (5 g environ) ou 1 c. à soupe de crème fraîche

1 Triez et lavez soigneusement le cresson. Pelez les chapeaux des champignons (n'utilisez pas les pieds, trop difficiles à digérer pour un bébé). Mettez-les dans une casserole avec 3/4 de litre d'eau froide et une toute petite pincée de sel. Portez à frémissement pendant 1 heure.

2 Passez le contenu de la casserole au mixeur pour le réduire en crème. Reversez-le dans la casserole, délayez avec le lait, ajoutez une infime pincée de paprika doux et portez à frémissement en délayant.

3 Pour servir, transvasez dans une assiette, incorporez une petite noisette de beurre (ou 1 cuillerée à soupe de crème fraîche), et mélangez jusqu'à ce que la température convienne à votre bébé.

Potage aux pois cassés

9 MOIS

50 g de pois cassés • 1 petite carotte • 1 petit poireau • 3 branches de cerfeuil • 1 petite pincée de sel • 1 petite noisette de beurre (5 g environ)

1 Pelez et lavez la carotte, épluchez soigneusement le poireau et lavez-le, ainsi que le cerfeuil. Coupez les légumes en rondelles.

2 Triez et lavez les pois cassés. Mettez-les dans une casserole avec 1 litre d'eau froide. Portez à frémissement pendant 1 heure.

3 Ajoutez 1/2 litre d'eau froide dans la casserole, puis les légumes, le cerfeuil et une toute petite pincée de sel. Poursuivez la cuisson 1 heure.

4 Passez le contenu de la casserole au mixeur et transvasez-le dans une assiette. Incorporez une noisette de beurre et mélangez jusqu'à ce que la température convienne à votre bébé.

NOTE Vous pouvez remplacer le beurre par 1 cuillerée à soupe de crème fraîche.

Les pois cassés n'ayant pas de peau, il est tout à fait inutile de les faire tremper.

Pomme de terre cocotte

12 MOIS

1 grosse pomme de terre • 1 petite noisette de beurre (5 g environ) • 20 g de gruyère râpé • 1 œuf • 1 c. à soupe de crème fraîche • 1 petite pincée de sel

1 Lavez la pomme de terre sans la peler. Faites-la cuire 30 à 40 minutes à four chaud (220 °C-thermostat 7/8) ou à la vapeur.

2 Retirez la pomme de terre du four (sans l'éteindre) ; en la tenant dans un torchon pour ne pas vous brûler, coupez-lui un couvercle dans la longueur, avec un couteau bien tranchant. Creusez la pomme de terre sans l'abîmer, en laissant adhérer 1 cm de chair à la peau environ.

3 Dans un petit saladier, mélangez la pulpe prélevée de la pomme de terre, le beurre et le gruyère râpé. Remplissez la pomme de terre jusqu'aux deux tiers environ avec cette préparation, en creusant une légère dépression au centre.

4 Cassez-y l'œuf, nappez-le de crème fraîche, salez très légèrement.

5 Remettez la pomme de terre dans le four et laissez cuire 8 minutes environ, jusqu'à ce que l'œuf soit cuit. Servez dès que votre bébé ne risque plus de se brûler.

Soupe de légumes au pistou très doux

12 MOIS

1 poignée de haricots verts • 1 poignée de petits pois frais, en cosses • 1 petite courgette • 1 tomate • 2 branches de persil plat • 1 petite pincée de sel • 1 petite pomme de terre • 1 petite gousse d'ail tendre • 1 branche de basilic • 20 g de parmesan râpé • 2 c. à soupe de lait concentré non sucré • quelques gouttes d'huile d'olive vierge extra, première pression à froid

1 Préparez d'abord la soupe : épluchez les haricots verts en cassant les pointes et en les effilant, écossez les petits pois, coupez la queue et le bout arrondi de la courgette sans la peler, coupez la tomate en quartiers et épépinez-la. Lavez soigneusement tous les légumes, ainsi que le persil.

2 Mettez les légumes dans une casserole avec 1 litre d'eau froide. Salez très légèrement. Portez à frémissement pendant 1 heure sur feu doux.

3 Pendant ce temps, préparez le pistou : lavez la pomme de terre sans la peler et faites-la cuire 20 minutes à la vapeur, en même temps que la gousse d'ail non pelée.

4 Pelez la pomme de terre et mettez-la dans le mixeur. Exprimez la gousse d'ail pour en obtenir la crème. Ajoutez l'ail à la pomme de terre ainsi que les feuilles de basilic et le parmesan râpé. Ajoutez encore 2 cuillerées à soupe du bouillon de cuisson des légumes et réduisez en pommade, tout en incorporant peu à peu le lait concentré. Recueillez le pistou dans un bol. Quand la soupe est cuite, passez-la également au mixeur et versez-la dans une assiette. Incorporez le pistou et délayez jusqu'à ce que la température convienne à votre bébé. Juste au moment de lui présenter la soupe, ajoutez quelques gouttes d'huile d'olive.

NOTE Cuit de cette façon, l'ail, riche en vitamine C, n'agressera pas le palais de votre bébé. Rappelons que le parmesan peut se révéler allergène chez certains enfants.

Mini-bortsch à la betterave

12 MOIS

Bien sûr, il ne s'agit pas de la classique recette russe, mais les enfants apprécient généralement la betterave, sucrée, très digeste et de surcroît bourrée de vitamines (A, B, C) et de sels minéraux. Et ne vous inquiétez pas si les selles de votre bébé se colorent en rouge, le jus de betterave est un colorant si puissant qu'il sert même à colorer… les glaces à la fraise !

100 g de betterave rouge crue • 1 carotte • 1 poireau • 50 g de steak de bœuf haché* • 1 petite pincée de sel • 1 c. à soupe de crème fraîche ou de fromage blanc battu à 40 % de matières grasses

1 Pelez, lavez et coupez la betterave en petits dés. Pelez, lavez et coupez la carotte en rondelles. Épluchez, lavez et coupez le poireau en rondelles, en ne conservant que le blanc et un tiers du vert environ.

2 Mettez tous les légumes dans une casserole avec 1 1/2 litre d'eau froide, le steak haché et une toute petite pincée de sel. Mélangez soigneusement et portez à frémissement sur feu doux pendant 2 heures.

3 Tamisez la soupe au chinois (ne servez pas la garniture qui a perdu toute saveur), et versez-la dans une assiette ou dans un biberon. Ajoutez la crème fraîche ou le fromage blanc et délayez soigneusement (ou secouez). Donnez à votre bébé dès que la température lui convient.

soupe de légumes au pistou très doux

mini-bortsch à la betterave

Tomate cocotte

12 MOIS

1 belle tomate • 1 œuf • 1 c. à soupe de crème fraîche • 20 g de roquefort

1 Lavez et essuyez la tomate. Coupez-lui un chapeau. Creusez-la sans l'abîmer à l'aide d'une petite cuillère, en laissant adhérer environ 1 cm de chair à la peau.

2 Cassez l'œuf dans la tomate. Ajoutez la crème fraîche et le roquefort très finement émietté.

3 Faites cuire 10 à 15 minutes à four chaud (220 °C-thermostat 7/8) jusqu'à ce que l'œuf soit cuit. Replacez le chapeau sur la tomate 5 minutes avant la fin de la cuisson.

4 Servez à votre bébé dès qu'il ne risque plus de se brûler.

Œuf cocotte au jambon

12 MOIS

1 petite noisette de beurre (5 g environ) • 1 œuf • 1/2 tranche de jambon cuit (jambon blanc) bien maigre • 2 champignons de Paris • 1 c. à soupe de crème fraîche • 1 petite pincée de sel • noix de muscade

1 Beurrez un ramequin avec la moitié du beurre. Cassez-y l'œuf entier.

2 Découennez et dégraissez parfaitement le jambon, passez-le à la moulinette, ajoutez à l'œuf.

3 Coupez le pied terreux des champignons, pelez les chapeaux, essuyez-les avec un torchon humide et hachez-les (éventuellement, passez-les quelques minutes à la vapeur au préalable). Ajoutez à l'œuf.

4 Ajoutez encore la crème fraîche, salez très légèrement et râpez un soupçon de noix de muscade. Terminez par le reste de beurre.

5 Placez le ramequin au bain-marie, dans la plaque creuse du four préchauffé, remplie d'eau bouillante. Laissez cuire 8 à 10 minutes à four chaud (220 °C-thermostat 7/8), jusqu'à ce que le blanc soit pris, mais le jaune encore moelleux.

6 Servez dès que votre bébé peut toucher le ramequin sans risquer de se brûler.

NOTE Il est essentiel que l'eau du bain-marie soit bouillante : pendant le temps que l'eau mettrait à chauffer, le jaune aurait le temps de se solidifier. Une bonne astuce consiste à préchauffer le ramequin (en le plongeant quelques minutes dans l'eau bouillante par exemple). Vous pouvez aussi faire cuire l'œuf cocotte à la vapeur, en le protégeant alors avec un carré d'aluminium pour empêcher la condensation de retomber à l'intérieur du ramequin.

tomate cocotte

Bouillon de volaille

12 MOIS

20 g de poulet ou de dindonneau cru (coupé dans une escalope) • 3 à 4 feuilles d'oseille • 1 petite pincée de sel • 1 c. à soupe de crème fraîche

1 Préparez l'escalope de poulet (ou de dindonneau). Triez et lavez soigneusement l'oseille, ciselez-la finement.

2 Mettez le tout dans une casserole avec 1 litre d'eau froide et une toute petite pincée de sel. Portez à frémissement pendant 1 heure sur feu doux.

3 Prélevez l'escalope de volaille, effilochez sa chair en charpie et remettez-la dans la casserole.

4 Versez dans une assiette, ajoutez la crème fraîche et délayez jusqu'à ce que la température convienne à votre bébé.

Tortilla patati et patata

12 MOIS

1 œuf • 1 petite pomme de terre (charlotte ou ratte) cuite à la vapeur • 1 petite noisette de beurre (5 g environ) • 20 g de thon au naturel émietté • 3 branches de persil plat • sel

1 Cassez l'œuf dans un bol, battez-le en omelette avec quelques grains de sel et le persil haché.

2 Faites fondre le beurre dans une poêle de petit diamètre (10 cm environ, genre poêle à blinis), sans le laisser colorer.

3 Dès qu'il est chaud, versez-y l'œuf battu. Ajoutez aussitôt le thon émietté, puis la pomme de terre écrasée à la fourchette, en répartissant bien sur toute la surface. Faites cuire la tortilla sur la première face, comme une galette. Retournez et faites cuire sur la deuxième face sans laisser dessécher.

4 Faites glisser sur une assiette et servez à votre bébé dès qu'il ne risque plus de se brûler.

Potage au riz à la grecque

12 MOIS

1/2 litre de bouillon de volaille dégraissé • 20 g de riz (une bonne c. à soupe) • 1 œuf • 1/2 citron • 2 feuilles de menthe fraîche

1 Versez le bouillon dans une casserole, portez à frémissement.

2 Lavez le riz et jetez-le en pluie dans la casserole dès que le bouillon frémit. Laissez cuire 20 minutes.

3 Pendant ce temps, cassez l'œuf dans un bol ; éliminez les germes. Ajoutez le jus du demi-citron. Battez vigoureusement, puis délayez avec 2 ou 3 cuillerées à soupe de bouillon chaud, sans cesser de fouetter.

4 Versez alors le contenu du bol dans la casserole, en mince filet, en fouettant jusqu'à épaississement, mais sans laisser bouillir. Retirez aussitôt du feu.

5 Versez dans une assiette, parsemez de feuilles de menthe lavées et finement ciselées. Mélangez jusqu'à ce que la température convienne à votre bébé.

NOTE Ne salez pas à cause du bouillon.

Crêpes épinards-crevettes

12 MOIS

50 g d'épinards • 1 c. à soupe de béchamel (voir recette page 124) • 20 g de crevettes décortiquées • 1 petite noisette de beurre (5 g environ) • 1 crêpe*

1 Triez les épinards, coupez les queues au ras des feuilles, lavez-les et faites-les cuire 10 minutes à la vapeur.

2 Essorez-les et hachez-les grossièrement au couteau. Mélangez-les à la béchamel, puis incorporez les crevettes.

3 Beurrez un carré d'aluminium. Disposez-y une crêpe. Étalez-y les épinards. Repliez la crêpe

en trois dans un sens, puis dans l'autre, en rabattant les extrémités en dessous. Rabattez alors la feuille d'aluminium pour former une papillote.

Cabillaud au vert de bettes et aux champignons

9 MOIS

30 à 50 g de cabillaud • 1 poignée de feuilles de bettes • 2 beaux chapeaux de champignons de Paris • 1 noisette de beurre • 1 petite pincée de sel • 1/4 de citron

1 Parez le morceau de cabillaud en éliminant toute arête ou petit morceau de peau. Escalopez-le en fines lamelles.

2 Épluchez soigneusement les feuilles de bettes en retirant les côtes et les grosses nervures. Lavez-les et passez-les 10 minutes à la vapeur. Rafraîchissez-les et ciselez-les grossièrement.

3 Pelez les champignons, essuyez-les avec un torchon humide et hachez-les menu au couteau.

4 Sur une feuille de papier sulfurisé, disposez le vert des bettes et le hachis de champignons. Étalez les lamelles de poisson par-dessus. Ajoutez une petite noisette de beurre et une toute petite pincée de sel. Refermez en forme de papillote. Faites cuire 8 minutes à la vapeur.

5 Pour servir, dépliez la papillote dans une assiette, et arrosez de quelques gouttes de jus de citron.

Fond d'artichaut + crevettes

12 MOIS

1 artichaut • 1/4 de citron • 100 g de fromage blanc battu à 40 % de matières grasses • 1 pincée de curry doux • 2 branches de cerfeuil • 30 g de crevettes décortiquées

1 Lavez et épluchez l'artichaut à cru : cassez la queue, détachez les feuilles et le « foin » pour dégager le fond, et frottez-le aussitôt avec le citron pour l'empêcher de noircir. Faites-le cuire 30 minutes à la vapeur (ou à l'eau).

2 Passez-le sous l'eau froide pour le rafraîchir et faites-le s'égoutter sur un torchon.

3 Préparez alors la garniture : mélangez soigneusement le fromage blanc avec le curry doux et les pluches de cerfeuil préalablement lavées et finement ciselées. Incorporez les crevettes décortiquées et grossièrement hachées. Garnissez le fond d'artichaut avec cette préparation et disposez-le sur une assiette : vous écraserez le fond à la fourchette, au fur et à mesure que vous ferez manger votre bébé.

Piccata de saumon

9 MOIS

30 à 40 g de saumon frais • 1 poignée de cresson • 1 c. à soupe de crème fraîche • 1 petite pincée de sel

1 Parez le saumon en éliminant la peau et les arêtes.

2 Triez le cresson, coupez les queues au ras des feuilles, lavez-le soigneusement et passez-le 10 minutes à la vapeur, puis essorez-le et hachez-le.

3 Mettez le cresson dans une petite casserole avec la crème fraîche et une toute petite pincée de sel. Délayez et portez à frémissement sur feu doux.

4 Pendant ce temps, faites cuire le saumon 3 minutes à la vapeur.

5 Pour servir, versez la crème de cresson dans une assiette, écrasez-y le saumon à la fourchette, plus ou moins grossièrement selon l'âge de votre bébé.

Petit flan de poisson

12 MOIS

50 g de chair de poisson blanc poché ou rôti (cabillaud, dorade, sole, etc.) • 3 branches de cerfeuil • 10 g de beurre • 1 c. à soupe de farine • 10 cl de lait • sel, poivre • noix de muscade • 1 gros petit-suisse (60 g) à 40 % de matières grasses (ou 2 petits) • 1 œuf • 1 c. à soupe de coulis de tomates (voir recette page 56) • 1 c. à soupe de crème fraîche • 2 branches de cerfeuil

1 Parez le poisson en éliminant les arêtes et les petits morceaux de peau qui adhèrent à la chair. Lavez le cerfeuil. Hachez le poisson et le cerfeuil ensemble, assez finement.

2 Préparez une béchamel en délayant les deux tiers du beurre et la farine dans une petite casserole, sur feu doux. Quand le mélange est homogène, délayez avec le lait et laissez mijoter 5 minutes, toujours sur feu doux, sans cesser de délayer au fouet jusqu'à ce que la sauce épaississe. Retirez aussitôt du feu.

3 Hors du feu, salez et poivrez très légèrement, râpez un soupçon de noix de muscade, incorporez le hachis de poisson, le petit-suisse et mélangez très soigneusement. Incorporez encore l'œuf entier, en continuant à battre au fouet.

4 Quand le mélange est bien lisse, versez-le dans un grand ramequin (10 cm de diamètre) préalablement beurré avec le reste de beurre.

5 Recouvrez le ramequin d'un carré d'aluminium pour empêcher la condensation de retomber à l'intérieur du ramequin. Faites cuire 30 minutes à la vapeur (ou 40 minutes à four moyen, au bain-marie).

6 Pendant la cuisson du flan, préparez la sauce en délayant le coulis de tomate et la crème fraîche. Incorporez le cerfeuil lavé et très finement ciselé.

7 Démoulez le petit flan sur une assiette, nappez-le avec la sauce.

Petit rouget à l'oseille

9 MOIS

1 petit rouget de roche • 1 touffe d'oseille • 1 petite noisette de beurre • 1 petite pincée de sel • 1/4 de citron

1 Écaillez, videz et lavez le rouget en mettant son foie de côté.

2 Triez l'oseille, coupez les queues au ras des feuilles, retirez les grosses nervures, lavez-la soigneusement et passez-la 10 minutes à la vapeur.

3 Ajoutez le rouget et son foie, poursuivez la cuisson 5 minutes.

4 Parez alors le poisson en éliminant la peau et les arêtes (attention, il y en a de toutes petites et de très fines), puis mixez l'oseille en purée avec le beurre, le foie du rouget et une toute petite pincée de sel.

5 Transvasez la purée d'oseille dans une assiette, effeuillez le rouget par-dessus et arrosez de quelques gouttes de jus de citron.

petit flan de poisson

petit rouget à l'oseille

Coquillettes au lait

9 MOIS

20 cl de lait • 1 petite pincée de sel • 30 g de coquillettes • 1 petite noisette de beurre (5 g environ) • 20 g de gruyère ou d'emmental râpé

1 Versez le lait dans une casserole. Salez très légèrement. Portez à frémissement sur feu doux.

2 Jetez-y les coquillettes en pluie, mélangez, laissez cuire 12 minutes environ sur feu très doux pour que le lait ne déborde pas : les coquillettes doivent être bien tendres et avoir absorbé presque tout le lait.

3 Passez le contenu de la casserole au mixeur pour obtenir un hachis plus ou moins grossier selon les capacités de votre bébé à avaler des morceaux. Cette opération est inutile si votre bébé est plus grand.

4 Pour servir, transvasez dans une assiette, ajoutez une petite noisette de beurre et le fromage râpé. Mélangez soigneusement.

NOTE Pour obtenir un délicieux plat complet, liez tout simplement avec un jaune d'œuf, hors du feu.

En version sucrée, remplacez le fromage râpé par une cuillerée à soupe de cassonade.

Purée de nouilles

9 MOIS

30 g de nouilles au choix • 1 petite pincée de sel • 1 petite noisette de beurre

1 Faites cuire les nouilles à l'eau bouillante légèrement salée, selon la méthode habituelle.

2 Quand elles sont bien cuites (pas de cuisson « al dente » pour un bébé !), égouttez-les et passez-les au mixeur avec une petite noisette de beurre.

3 Voilà, c'est simple, il n'y a plus qu'à transvaser dans le biberon (tétine à large débit), ou dans l'assiette de votre bébé !

NOTE Les variantes sont innombrables pour « parfumer » la purée de nouilles : lait, fromage blanc, fromage râpé, roquefort, coulis de tomates, jaune d'œuf, et même... cacao en poudre ou cuillerée de miel en version sucrée !

Kasha de sarrasin

9 MOIS

2 c. à soupe de graines de sarrasin (blé noir) concassées • 1 petite pincée de sel • 1 petite noisette de beurre (5 g environ)

1 Portez 1/4 de litre d'eau froide à frémissement dans une petite casserole. Salez très légèrement.

2 Jetez-y le sarrasin en pluie, mélangez, laissez cuire 10 minutes sur feu très doux, puis retirez du feu et laissez gonfler 10 minutes, le sarrasin doit avoir absorbé pratiquement toute l'eau.

3 Transvasez dans une assiette (en égouttant au besoin), ajoutez une petite noisette de beurre et mélangez.

NOTES Le sarrasin concassé se trouve dans tous les magasins d'alimentation naturelle.

Ne salez pas à cause du bouillon et du fromage. Vous pouvez bien sûr remplacer le bouillon par du lait. Enfin, n'oubliez pas que le parmesan peut être allergène chez certains enfants.

Lentilles au jus

9 MOIS

30 g de lentilles • 1 petite carotte • 1/2 petit oignon • 2 branches de persil • brindille de thym • 1/2 feuille de laurier • un peu de yaourt nature

1 Lavez les lentilles. Pelez et lavez la carotte, coupez-la en rondelles. Épluchez l'oignon. Lavez le persil.

2 Mettez les lentilles dans une casserole d'eau froide avec l'oignon, le thym et le laurier. Portez à frémissement sur feu doux pendant 1 heure en ne salant (légèrement) qu'à mi-cuisson pour ne pas durcir les légumes.

3 Égouttez les lentilles, en éliminant le thym et le laurier (et éventuellement l'oignon), et passez-les au mixeur en incorporant un peu de jus de cuisson pour obtenir une purée fluide.

4 Transvasez dans une assiette. Éventuellement, adoucissez avec un peu de yaourt nature.

NOTE **Rappelons que les légumes secs et les céréales sont excellents pour la santé d'un bébé – ils contiennent beaucoup de sels minéraux – et qu'ils doivent figurer une fois par semaine environ à son menu !**

Haricots blancs à la tomate

9 MOIS

1 poignée de haricots blancs frais, en grains • 1 petite pincée de sel • 1 belle tomate bien mûre • 1 gousse d'ail • 1 feuille de sauge • 1 c. à café d'huile d'olive vierge extra

1 Écossez les haricots, jetez-les dans une casserole d'eau froide, portez à frémissement pendant 40 minutes.

2 Au bout de ce temps, sortez un peu d'eau de la casserole, de manière à ce que les haricots soient juste recouverts, mais pas plus.

3 Ajoutez alors une petite pincée de sel, la tomate pelée, épépinée et grossièrement concassée, l'ail pelé et la feuille de sauge préalablement lavée. Mélangez. Laissez mijoter 20 minutes sur feu doux.

4 Passez le contenu de la casserole au mixeur après avoir retiré la feuille de sauge, et versez la purée obtenue dans une assiette. Incorporez une cuillerée à café d'huile d'olive et délayez jusqu'à ce que la température convienne au bébé.

NOTE **Hors saison, vous pouvez bien sûr utiliser des haricots secs. Dans ce cas, faites-les tremper pendant 12 heures, faites-les blanchir 10 minutes et comptez 2 heures de cuisson avant d'ajouter la tomate et les aromates.**

Petit couscous à l'agneau spécial bébé

9 MOIS

S'il y a du couscous au menu familial, prélevez tout simplement un peu de semoule pour votre bébé. Garnissez-la avec quelques légumes du bouillon (carotte, navet, courgette) écrasés, et un petit cube d'agneau (sans gras) finement haché. Vous pouvez ajouter une petite noisette de beurre… mais bien sûr, ni merguez, ni harissa !

50 g de semoule de blé (couscous) • 1 carotte • 1 navet • 1/2 courgette • 1 petite branche de céleri • 2 branches de persil • 1 petite pincée de sel • 1 petite côte d'agneau première • 1 petite noisette de beurre (5 g environ)

1 Mettez la semoule dans un bol avec un verre d'eau tiède. Laissez gonfler.

2 Pelez et lavez la carotte et le navet, coupez-les en petits morceaux. Lavez la courgette sans la peler, coupez-la en petits tronçons. Épluchez la branche de céleri, coupez-la en petits morceaux.

3 Mettez tous les légumes dans une casserole avec 1 litre d'eau froide, le persil lavé et une toute petite pincée de sel. Portez à frémissement sur feu doux pendant 30 minutes.

4 Faites griller la côtelette à point. Faites cuire la semoule 10 minutes à la vapeur, sur un torchon plié, après l'avoir égouttée.

5 Pour servir, versez la semoule dans une assiette. Disposez les légumes par-dessus, avec quelques cuillerées à soupe de bouillon. Dégagez la noisette de la côte d'agneau et hachez-la. Ajoutez la viande à la semoule. Donnez le couscous à votre bébé à la cuillère, en écrasant les légumes.

NOTE **Vous pouvez aussi faire cuire la semoule dans un verre de lait.**

Agneau et aubergine

9 MOIS

1 petite côte d'agneau première • 100 g d'aubergine • 1/4 de citron • 1 petite pincée de sel

1 Lavez l'aubergine sans la peler. Faites-la cuire 40 minutes à la vapeur.

2 Au bout de 30 minutes, faites griller la côtelette à point, puis dégagez la noisette (cœur) et hachez-la finement.

3 Quand l'aubergine est cuite, passez-la sous le robinet d'eau froide pour la rafraîchir et pouvoir la manipuler sans vous brûler, puis ouvrez-la et raclez toute la pulpe.

4 Mettez-la dans une assiette, arrosez-la de quelques gouttes de jus de citron, ajoutez une toute petite pincée de sel et écrasez bien à la fourchette, jusqu'à ce que vous obteniez une purée bien lisse. Parsemez de hachis d'agneau. Donnez à la cuillère.

NOTE Vous pouvez adoucir la purée d'aubergine avec un peu de petit-suisse, de yaourt ou de lait concentré non sucré. Vous pouvez aussi la parfumer avec du cerfeuil haché ou une petite pincée de cumin en poudre.

Filet de limande à la purée d'avocat

12 MOIS

30 à 50 g de filet de limande • 1/2 avocat* • 1/4 de citron • 1 gros petit-suisse (60 g) • 2 branches de cerfeuil • 1 pincée de sel • paprika doux

1 Parez le filet de limande en éliminant toute arête éventuelle.

2 Ouvrez l'avocat, retirez le noyau, frottez-en une moitié avec un peu de jus de citron pour l'empêcher de noircir, et faites-la cuire 10 minutes à la vapeur.

3 Ajoutez le filet de limande ; poursuivez la cuisson 5 minutes.

4 Prélevez la chair de l'avocat et passez-la au mixeur avec le petit-suisse, les pluches de cerfeuil préalablement lavées, une toute petite pincée de sel et un soupçon de paprika doux.

5 Pour servir, transvasez la purée d'avocat dans une assiette et effeuillez le filet de limande par-dessus.

Hachis d'agneau

9 MOIS

1 petite côte d'agneau première • 1 poignée de petits pois frais, en cosses • 1/4 de citron • 1 petite noisette de beurre (5 g environ) • 1 petite pincée de sel

1 Écossez les petits pois et faites-les cuire 10 minutes à la vapeur.

2 Faites griller la côtelette à point, puis dégagez la noisette (cœur) et hachez-la finement.

3 Quand les petits pois sont cuits, passez-les à la moulinette et incorporez-y une petite noisette de beurre et quelques grains de sel. Formez des quenelles à l'aide de deux cuillères à café et disposez-les sur un côté de l'assiette de votre bébé. Disposez le hachis d'agneau de l'autre côté. Arrosez le tout de quelques gouttes de jus de citron.

4 Donnez à manger à votre bébé à la cuillère.

NOTE Avant de le hacher, vous pouvez assaisonner l'agneau avec une infime pincée de cumin moulu.

agneau et aubergine

hachis d'agneau

filet de limande à la purée d'avocat

Petit curry de poulet

12 MOIS

50 g de blanc de poulet (escalope) • 1 pomme (reinette ou golden) • 1/4 de citron • 25 cl de lait • 1 petite pincée de sel • 1 petite pincée de curry doux • 1 c. à soupe de pulpe de noix de coco râpée • 1 petite noisette de beurre

1 Coupez l'escalope de poulet en petits dés. Pelez la pomme et coupez-la en petits dés en éliminant les parties dures du centre et les pépins. Arrosez-la aussitôt avec le jus de citron pour l'empêcher de noircir.

2 Mettez les dés de poulet et les dés de pomme dans une casserole avec le lait, le sel et le curry doux. Mélangez, laissez cuire 20 minutes sur feu très doux.

3 Ajoutez la noix de coco et le beurre, mélangez soigneusement, poursuivez la cuisson 10 minutes, toujours sur feu très doux.

4 Transvasez dans une assiette et donnez à votre bébé dès que la température lui convient.

Purée au foie de poulet

9 MOIS

300 g de purée de pommes de terre (voir recette page 48) • 100 g de fromage blanc battu à 40 % de matières grasses • 1 petit foie de poulet (50 g environ) • 1 petite pincée de sel • 1 petite noisette de beurre

1 Préparez environ 300 g de purée de pommes de terre à l'ancienne.

2 Incorporez-lui le fromage blanc pour la rendre plus légère, en battant vigoureusement.

3 Par ailleurs, parez le foie de poulet en éliminant les filaments sanguins et les parties éventuellement tachées de fiel. Plongez-le dans une casserole d'eau froide très légèrement salée, et faites-le pocher 10 minutes environ, jusqu'à ce qu'il soit cuit à cœur. Passez-le à la moulinette et incorporez-le à la purée.

Piccata de veau à l'orange

9 MOIS

30 à 50 g de noix de veau (escalope) • 1 petite noisette de beurre (5 g environ) • 1 orange • 1 petite pincée de sel • 100 g de fromage blanc battu à 40 % de matières grasses

1 Coupez la noix de veau en fines lamelles, presque transparentes.

2 Dans une petite casserole, faites fondre le beurre sans le laisser colorer, puis ajoutez aussitôt le jus de l'orange et une toute petite pincée de sel. Portez à frémissement sur feu doux. Faites-y cuire les lamelles de veau pendant 3 à 4 minutes.

3 Si votre bébé est capable de manger ces lamelles telles quelles, donnez-les lui en garniture d'une purée de nouilles ou de coquillettes au lait (voir recette page 106), auxquelles vous incorporerez le jus de cuisson. Sinon, mixez-les avec le fromage blanc.

Soupe filée à l'œuf

12 MOIS

25 cl de bouillon de volaille dégraissé • 20 g de cantal frais (ou d'emmental) • 1 œuf

1 Versez le bouillon dans une casserole et portez à frémissement sur feu doux.

2 Pendant ce temps, râpez finement le fromage et battez l'œuf en omelette, dans un bol.

3 Quand la soupe frémit, retirez-la du feu et versez-y l'œuf battu, en délayant aussitôt au fouet pour faire « filer » l'œuf avant qu'il ne coagule en masse.

4 Éparpillez le fromage dans une assiette, versez la soupe par-dessus et mélangez jusqu'à ce qu'il soit bien fondu.

petit curry de poulet

piccata de veau à l'orange

urée au foie de poulet

soupe filée à l'œuf

Souris de gigot aux haricots verts

12 MOIS

Cette recette sera bien sûr préparée le jour où il y aura du gigot (ou des souris de gigot) au menu familial.

30 g de souris de gigot • 100 g de haricots verts frais • 1 petite noisette de beurre (5 g environ) • 2 branches de persil • 1 petite pincée de sel • un peu de fromage blanc à 40 % de matières grasses

1 Cassez les pointes des haricots verts et retirez les fils. Lavez-les soigneusement, puis faites-les cuire 30 minutes à la vapeur.

2 Passez-les au mixeur avec le beurre, le persil lavé et une toute petite pincée de sel. Séparément, hachez la souris du gigot.

3 Versez la purée de haricots verts dans une assiette. Adoucissez-la éventuellement avec un peu de fromage blanc. Éparpillez le hachis de gigot par-dessus. Donnez à la cuillère.

NOTE On appelle « souris » la noix charnue qui reste attachée à l'os du gigot une fois qu'on l'a découpé. Elle convient parfaitement aux bébés car elle est toujours bien cuite !

Aiguillette de canard à la pêche

9 MOIS

20 g d'aiguillette de canard rôti • 1 pêche jaune bien mûre • 1 c. à café de miel liquide (acacia, tilleul, mille fleurs) • 1 petite pincée de sel • 1/2 citron • 1 petite noisette de beurre (5 g environ)

1 Pelez la pêche, ouvrez-la, dénoyautez-la, mettez-la dans une casserole d'eau froide avec le miel, une toute petite pincée de sel et le jus du demi-citron. Faites-la pocher 5 minutes à frémissement.

2 Pendant ce temps, retirez la peau du canard et coupez la chair en petits dés (ou hachez-la si votre bébé n'est pas encore prêt pour les morceaux).

3 Quand la pêche est cuite, égouttez-la et passez-la à la moulinette en incorporant le beurre.

4 Transvasez dans une assiette et parsemez de petits dés (ou de hachis) de canard.

NOTE Vous pouvez adoucir la pêche avec un peu de petit-suisse à 40 % de matières grasses. Vous pouvez aussi utiliser 2 demi-pêches en boîte, au naturel ou au sirop.

Papillote de lapin au vert de bettes

9 MOIS

4 feuilles de bettes (sans les côtes) • 1 belle tomate bien mûre • 30 g de lapin (râble) prélevé sur le plat familial • 1 c. à café d'huile d'olive vierge extra, première pression à froid • 1/4 de citron • 1 brindille de thym • 1 petite pincée de sel

1 Lavez soigneusement les feuilles de bettes en retirant les grosses nervures. Passez-les 10 minutes à la vapeur et hachez-les grossièrement au couteau.

2 Lavez la tomate, passez-la 2 minutes à la vapeur, pelez-la, épépinez-la et concassez-la grossièrement.

3 Sur un carré de papier sulfurisé, étalez le vert de bettes et le concassé de tomate.

4 Escalopez très finement le râble de lapin et disposez les lamelles sur les légumes.

5 Dans un bol, délayez l'huile d'olive avec le jus du citron, les feuilles de thym et une toute petite pincée de sel. Arrosez régulièrement le lapin avec cette petite sauce.

6 Refermez en forme de papillote. Enfournez dans le four préchauffé. Laissez cuire 10 minutes à four chaud (220 °C - thermostat 7/8), ou à la vapeur.

7 Pour servir, ouvrez la papillote sur l'assiette de votre bébé et donnez-la lui à la cuillère.

Coquelet au maïs doux

9 MOIS

1 petite boîte de maïs doux en grains • 1 branche d'estragon • 1 petite boîte de lait concentré non sucré • 30 g de coquelet rôti (prélevé sur le plat familial) • 1 petite noisette de beurre (5 g environ)

1 Rincez le maïs, mettez-le dans une casserole avec la branche d'estragon lavée et le lait concentré. Portez à frémissement sur feu très doux pendant 5 à 10 minutes : le lait doit devenir crémeux.

2 Pendant ce temps, prélevez 30 g de blanc (sans la peau) sur le coquelet rôti.

3 Passez le contenu de la casserole au mixeur (après avoir retiré l'estragon) avec le coquelet, de manière à obtenir un hachis plus ou moins grossier, selon que votre bébé aime ou non les morceaux.

4 Pour servir, transvasez dans une assiette et ajoutez une petite noisette de beurre. Mélangez.

NOTE **Si votre bébé est très débrouillard, prélevez une cuisse sur le coquelet et donnez-la lui telle quelle : sa petite taille la rend parfaitement adaptée à sa petite main ! Vous pouvez aussi lui donner un épi de maïs, qu'il s'amusera certainement à ronger comme les grands !**

Hamburger aux noisettes

12 MOIS

20 g de bifteck • 15 g d'escalope de veau ou de dinde • 15 g de jambon cuit (jambon blanc) maigre • 4 noisettes • 2 branches de persil • 1 jaune d'œuf • 1 petite pincée de sel • 1 petite noisette de beurre (5 g environ) • 20 g de gruyère ou d'emmental • 1 feuille de laitue

1 Hachez ensemble, au hachoir ou au mixeur, le bifteck, l'escalope, le jambon découenné et dégraissé, les noisettes décortiquées et le persil lavé.

2 Malaxez ce hachis avec le jaune d'œuf et une petite pincée de sel. Façonnez en forme de hamburger plutôt plat.

3 Beurrez la plaque du four. Disposez-y le hamburger surmonté d'une petite tranche de fromage.

4 Placez dans le four préchauffé. Laissez cuire 10 minutes environ à four chaud (220 °C-thermostat 7/8), jusqu'à ce que la viande soit bien cuite et le fromage fondu.

5 Pour servir, tapissez l'assiette de votre bébé avec une feuille de laitue préalablement lavée. Faites-y glisser le hamburger.

NOTE **Si votre bébé a des frères et sœurs plus grands, ils voudront certainement que vous leur prépariez aussi cette recette... Vous pouvez aussi faire cuire le hamburger en papillote.**

Mousse de jambon aux figues

12 MOIS

1/2 tranche de jambon de Parme • 2 belles figues violettes, bien mûres, mais pas blettes • 1 gros petit-suisse (60 g) à 40 % de matières grasses • 1/4 de citron • 1 petite pincée de sel • 1 tranche de pain de mie

1 Découennez et dégraissez parfaitement le jambon. Pelez les figues.

2 Hachez ensemble, au mixeur, le jambon de Parme et les figues, en incorporant le petit-suisse, quelques gouttes de jus de citron et une toute petite pincée de sel.

3 Transvasez la mousse dans une petite coupelle et présentez-la à votre bébé en même temps qu'une tranche de pain de mie grillée.

NOTE **Essayez de trouver un emporte-pièce de forme originale (bonhomme, cœur, animal familier, etc.) : vous l'appliquerez sur la tranche de pain de mie pour y découper la forme choisie avant de la faire griller. Votre bébé sera ravi d'avoir un toast personnalisé !**

Bœuf haché aux céréales
12 MOIS

1 c. à soupe de flocons d'avoine • 50 g de steak de bœuf haché*• 1 jaune d'œuf • 1 petite pincée de sel • 1 petite noisette de beurre (5 g environ) • 1 feuille de laitue bien verte

1 La veille au soir, mettez les flocons d'avoine dans un bol. Couvrez-les largement d'eau froide. Laissez gonfler au réfrigérateur.

2 Au moment du repas, malaxez le steak haché avec les flocons d'avoine égouttés (mais ils ont sûrement absorbé toute l'eau), le jaune d'œuf et une petite pincée de sel. Façonnez en forme de hamburger plutôt plat.

3 Beurrez la plaque du four. Disposez-y le hamburger. Mettez dans le four préchauffé. Laissez cuire 8 à 10 minutes à four chaud (220 °C-thermostat 7/8), jusqu'à ce que la viande soit bien cuite, en la retournant à mi-cuisson.

4 Pour servir, tapissez l'assiette de votre bébé avec une feuille de laitue préalablement lavée. Faites-y glisser le hamburger.

VARIANTE EXPRESS **Mélangez au steak haché 1 cuillerée à soupe de corn-flakes trempés 5 minutes dans 1/2 verre de lait.**

Cabillaud-petits légumes
12 MOIS

20 à 50 g de cabillaud (selon l'âge) • 1 carotte • 1 navet • 1 poignée de petits pois frais, en cosses • 1 petite noisette de beurre (5 g environ) • 1/4 de citron

1 Pelez et lavez la carotte. Pelez et lavez le navet. Écossez les petits pois. Faites-les cuire 30 minutes à la vapeur.

2 Pendant ce temps, parez le morceau de cabillaud en éliminant toute arête ou petit morceau de peau. 5 minutes avant la fin de la cuisson, ajoutez le poisson aux légumes.

3 Hachez séparément le poisson, la carotte, le navet et les petits pois, en incorporant un copeau de beurre (raclé très fin) à chaque légume. Disposez ces petits tas colorés dans une assiette, en les alternant harmonieusement. Arrosez le poisson de quelques gouttes de jus de citron

Crêpe au jambon
12 MOIS

1/2 tranche de jambon cuit (jambon blanc bien maigre) • 1 c. à soupe de béchame* • 1 portion de crème de gruyère ou de fromage fondu • 1 petite noisette de beurre • 1 crêpe*

1 Découennez et dégraissez parfaitement le jambon. Passez-le à la moulinette.

2 Incorporez-le à la béchamel ainsi que la crème de gruyère, en mélangeant jusqu'à ce que le fromage soit fondu (si la béchamel est froide, passez le tout à la moulinette).

3 Beurrez un carré d'aluminium. Disposez-y une crêpe. Étalez-y la préparation au jambon. Repliez la crêpe en trois dans un sens, puis dans l'autre, en rabattant les extrémités en dessous. Rabattez alors la feuille d'aluminium pour former une papillote.

4 Passez la papillote 5 minutes à la vapeur, déballez-la et faites glisser la crêpe fourrée sur une assiette.

bœuf haché aux céréales

Gratin de potiron au bœuf

12 MOIS

100 g de potiron • 1 petite pincée de sel • 1 verre de lait (20 cl environ) • noix de muscade • 1 petite noisette de beurre (5 g environ) • 50 g de steak de bœuf haché* • 20 g d'emmental râpé

1 Épluchez le potiron en éliminant l'écorce, les fibres et les graines. Coupez-le en petits dés, mettez-les dans une casserole avec un verre d'eau et une petite pincée de sel. Portez à frémissement sur feu doux pendant 20 minutes, à couvert.

2 Ajoutez le lait et râpez un soupçon de noix de muscade. Poursuivez la cuisson 10 minutes, à découvert. Écrasez grossièrement à la fourchette.

3 Beurrez un petit plat à gratin. Étalez-y la purée de potiron. Émiettez régulièrement le bœuf haché sur toute la surface du plat. Parsemez d'emmental râpé.

4 Mettez dans le four préchauffé. Laissez gratiner 10 minutes à four chaud (220 °C-thermostat 7/8), jusqu'à ce que la viande soit cuite et le fromage fondu, mais ne laissez pas roussir.

5 Pour servir, transvasez le gratin dans une assiette : le plat est bien trop chaud...

Rôti de porc aux pruneaux

12 MOIS

1 tranche de rôti de porc cuit, maigre • 2 ou 3 pruneaux* bien moelleux • 100 g de fromage blanc battu à 40 % de matières grasses

1 Parez la tranche de rôti en éliminant toutes les parties grasses. Lavez et dénoyautez les pruneaux.

2 Passez la viande au mixeur avec les pruneaux dénoyautés et le fromage blanc, de manière à obtenir un hachis plus ou moins grossier selon le goût de votre bébé pour les morceaux.

3 Pour servir, transvasez dans une assiette. Éventuellement, faites tiédir au bain-marie.

Veau haché aux amandes

12 MOIS

50 g d'escalope de veau • 1 c. à soupe d'amandes effilées • 4 tiges de ciboulette • 1 jaune d'œuf • 1 petite pincée de sel • 1 petite noisette de beurre (5 g environ) • 1 feuille de laitue

1 Hachez ensemble, au hachoir ou au mixeur, l'escalope de veau, les amandes effilées et la ciboulette préalablement lavée.

2 Malaxez ce hachis avec le jaune d'œuf et une petite pincée de sel. Façonnez en forme de hamburger plutôt plat.

3 Beurrez la plaque du four. Disposez-y le hamburger. Mettez dans le four préchauffé. Laissez cuire 8 à 10 minutes à four chaud (220 °C-thermostat 7/8), jusqu'à ce que la viande soit bien cuite, en la retournant à mi-cuisson.

4 Pour servir, tapissez l'assiette de votre bébé avec une feuille de laitue préalablement lavée. Faites-y glisser le hamburger.

NOTE Vous pouvez aussi faire cuire le hamburger en papillote.

Crêpe au poulet

12 MOIS

30 à 50 g blanc de poulet rôti (ou de poule bouillie) • 1 c. à soupe de béchamel jaune au curry (voir recette page 124) • 4 champignons de Paris • 1 petite noisette de beurre (5 g environ) • 1 crêpe*

1 Passez le poulet à la moulinette ou hachez-le grossièrement au couteau si votre bébé apprécie les morceaux.

2 Incorporez ce hachis à la béchamel jaune au curry.

3 Coupez le pied terreux des champignons, pelez-les, essuyez-les avec un torchon humide et faites-les cuire 10 minutes à la vapeur. Hachez-les et ajoutez-les au poulet.

4 Beurrez un carré d'aluminium. Disposez-y une crêpe. Étalez-y la préparation au poulet. Repliez la crêpe en trois dans un sens, puis dans l'autre, en rabattant les extrémités en dessous. Rabattez alors la feuille d'aluminium pour former une papillote.

5 Passez la papillote 5 minutes à la vapeur, déballez-la et faites glisser la crêpe fourrée sur l'assiette de votre bébé.

Gâteau de foie de poulet

12 MOIS

1 petit foie de poulet (50 g environ) • 3 branches de persil • 10 g de beurre • 1 c. à soupe de farine • 10 cl de lait • 1 petite pincée de sel • noix de muscade • 1 petit-suisse (60 g) à 40 % de matières grasses • 1 œuf

1 Parez le foie en éliminant tous les filaments sanguins ou graisseux, ainsi que les parties éventuellement tachées de fiel. Lavez le persil. Hachez le foie et le persil ensemble, assez finement.

2 Préparez une béchamel en délayant les deux tiers du beurre et la farine dans une petite casserole, sur feu doux. Quand le mélange est homogène, délayez avec le lait et laissez mijoter 5 minutes, toujours sur feu doux, sans cesser de délayer au fouet jusqu'à ce que la sauce épaississe. Retirez aussitôt du feu.

3 Hors du feu, salez très légèrement, râpez un soupçon de noix de muscade, incorporez le hachis de foie, le petit-suisse, et mélangez très soigneusement. Incorporez encore l'œuf entier, en continuant à battre au fouet.

4 Quand le mélange est bien lisse, versez-le dans un grand ramequin (10 cm de diamètre) préalablement beurré avec le reste de beurre.

5 Recouvrez le ramequin d'un carré d'aluminium pour empêcher la condensation de retomber à l'intérieur. Faites cuire 30 minutes à la vapeur (ou 40 minutes à four moyen, au bain-marie).

6 Pour servir, démoulez le gâteau comme un pâté de sable sur l'assiette de votre bébé et donnez-lui à manger à la cuillère.

Purée de riz

9 MOIS

30 g de riz • 1 petite pincée de sel • 1 petite noisette de beurre (5 g environ)

1 Faites cuire le riz à la créole (voir recette page 118), dans une casserole d'eau bouillante légèrement salée.

2 Quand il est cuit, égouttez-le et mixez-le en incorporant le beurre.

3 Transvasez dans l'assiette de bébé.

Purée de topinambours

9 MOIS

250 g de topinambours (4 à 8 tubercules selon leur taille, mais choisissez-les plutôt petits) • 1 noisette de beurre • 1 pincée de sel • 4 branches de persil

1 Épluchez les topinambours, lavez-les et faites-les cuire 30 minutes à la vapeur.

2 Passez-les au mixeur avec le beurre, une petite pincée de sel et le persil préalablement lavé, jusqu'à ce qu'ils soient réduits en purée fine.

3 Versez dans l'assiette de votre bébé.

Carottes râpées
10 MOIS

100 g de carotte • 2 branches de persil • 100 g de fromage blanc à 40 % de matières grasses • 1 petite pincée de sel • 1/4 de citron

1 Pelez les carottes, lavez-les et râpez-les le plus finement possible. Lavez et ciselez le persil.

2 Mettez les carottes râpées dans l'assiette de votre bébé. Ajoutez le fromage blanc, une toute petite pincée de sel et quelques gouttes de jus de citron. Mélangez jusqu'à ce que la préparation soit homogène.

NOTE Préparées ainsi, les carottes râpées n'ont pas besoin d'huile ! Vous pouvez remplacer le jus de citron par du jus d'orange.

Riz créole
9 MOIS

30 g de riz • 1 pincée de sel • 1 noisette de beurre

1 Lavez le riz et jetez-le en pluie dans une casserole d'eau bouillante légèrement salée. Laissez cuire 20 minutes (ne donnez pas de riz croquant à un bébé !).

2 Égouttez le riz, versez-le dans une assiette, ajoutez le beurre et mélangez jusqu'à ce que la température convienne à votre bébé.

NOTE Dans bien des cas, le riz remplacera avantageusement les pommes de terre — souvent omniprésentes dans l'alimentation d'un jeune enfant —, pour accompagner un poisson, notamment.

Tian de feuilles de bettes
12 MOIS

5 ou 6 feuilles de bettes (sans les côtes) • 1 œuf • 1 pincée de sel • 1 c. à café de crème fraîche • 1 c. à café de parmesan râpé • 1 noisette de beurre

1 Épluchez soigneusement les feuilles de bettes, lavez-les, faites-les blanchir 10 minutes à la vapeur, puis hachez-les grossièrement au couteau.

2 Dans un bol, battez l'œuf en omelette avec une toute petite pincée de sel, la crème fraîche et le parmesan râpé.

3 Beurrez un petit plat à four ou un ramequin avec une noisette de beurre. Étalez-y le vert de bettes, puis nappez avec l'œuf battu.

4 Enfournez dans le four préchauffé. Faites cuire 10 minutes à four chaud (220 °C-thermostat 7/8), au bain-marie dans un plat plus grand contenant de l'eau bouillante.

5 Servez à votre bébé dès qu'il ne risque plus de se brûler.

NOTE En ajoutant un peu de thon émietté (l'authentique recette provençale prévoit quelques filets d'anchois, mais je ne vous les conseille pas pour un bébé), avant de napper avec l'œuf, vous obtiendrez un délicieux plat complet !

Riz florentine
9 MOIS

1 poignée de feuilles d'épinards • 1 pincée de sel • 30 g de riz • 1 noisette de beurre

1 Triez les épinards, coupez les queues au ras des feuilles, retirez les grosses nervures, lavez-les soigneusement. Faites-les blanchir 5 minutes à la vapeur, puis hachez-les grossièrement au couteau.

2 Par ailleurs, lavez le riz et jetez-le en pluie dans une casserole d'eau bouillante légèrement salée. Laissez cuire 10 minutes, puis ajoutez le hachis d'épinards. Poursuivez la cuisson 10 minutes.

3 Tamisez le contenu de la casserole au chinois et versez-le dans l'assiette de votre bébé. Ajoutez le beurre et mélangez jusqu'à ce que vous obteniez la température souhaitée.

carottes râpées

Truite au vert

9 MOIS

20 à 30 g de truite • 1 petite pomme de terre • 1 petite poignée de « verdure » au choix : feuilles de salade, de légumes (feuilles de bettes, feuilles de navets, fanes de radis) ou herbes • 1 petite noisette de beurre (5 g environ) • 1 petite pincée de sel

1 Parez le poisson en éliminant la peau et les arêtes.

2 Pelez et lavez la pomme de terre, coupez-la en morceaux. Triez la verdure, ôtez les queues et les grosses nervures, lavez-la soigneusement et passez-la 20 minutes à la vapeur avec la pomme de terre. 5 minutes avant la fin de la cuisson, ajoutez le petit filet de truite.

3 Mixez le tout en purée avec une petite noisette de beurre et une toute petite pincée de sel.

4 Servez à votre bébé à la cuillère, ou bien dans son biberon (tétine à large débit), en complétant avec du lait.

Raie pochée au lait

12 MOIS

La raie doit bien sûr très fraîche, sinon elle prend une odeur et un goût d'ammoniac que votre bébé n'apprécierait guère !

60 g de raie • 1 verre de lait • 1 pincée de sel

1 Lavez la raie en raclant bien la partie gluante. Mettez-la dans une casserole avec le lait et une toute petite pincée de sel. Portez à frémissement sur feu doux pendant 5 minutes à peine.

2 Égouttez la raie et parez-la en éliminant la peau et les cartilages. Hachez-la et incorporez-en 20 g au biberon de votre bébé.

NOTE Si votre bébé est plus grand, écrasez la raie à la fourchette dans son assiette, avec une petite noisette de beurre, et servez-la lui avec une purée de pommes de terre, une mousse de persil, une purée de courgette au cerfeuil ou un tian de feuilles de bettes (voir recettes).

Coquille Saint-Jacques à la crème d'endives

12 MOIS

1 coquille Saint-Jacques d'une fraîcheur parfaite • 1 endive • 2 c. à soupe de fromage blanc à 40 % de matières grasses • 1/4 de citron

1 Lavez la coquille Saint-Jacques en la brossant bien sous l'eau courante. Passez-la 3 minutes à la vapeur, juste pour la faire s'ouvrir. Retirez alors la chair de la coquille, ébarbez-la pour ne conserver que la noix et le corail.

2 Épluchez l'endive, lavez-la et coupez-la en quatre dans la longueur. Faites-la cuire 30 minutes à la vapeur ; 5 minutes avant la fin de la cuisson, ajoutez la coquille Saint-Jacques.

3 Passez la coquille Saint-Jacques (noix et corail) au mixeur avec la moitié du fromage blanc et quelques gouttes de jus de citron puis, séparément, mixez l'endive et le reste de fromage blanc pour obtenir une crème lisse.

4 Étalez la crème d'endives dans une assiette et disposez la purée de saint-jacques en dôme, juste au centre. Présentez-la à la cuillère.

NOTE Quand votre bébé sera prêt à « mâchouiller », vous vous contenterez de hacher grossièrement la coquille Saint-Jacques et les endives. À partir de 12 ou 14 mois, émincez l'endive dans une papillote, garnissez avec la saint-jacques très finement escalopée, nappez d'une cuillerée à soupe de crème fraîche (à la place du fromage blanc), ajoutez une pincée de sucre et quelques gouttes de jus de citron.

truite au vert

Langoustine à la tomate

12 MOIS

1 langoustine d'une fraîcheur absolue • 100 g de courgette • 1 tomate bien mûre • 1 brindille de thym • 1 c. à café d'huile d'olive • 1/4 de citron

1 Lavez la langoustine. Lavez la courgette sans la peler. Lavez la tomate. Passez le tout 2 minutes à la vapeur.

2 Taillez alors la courgette en fine julienne. Pelez, épépinez et concassez la tomate. Décortiquez la langoustine, escalopez sa queue en très fines lamelles ou en petits dés.

3 Sur une feuille de papier sulfurisé, éparpillez les vermicelles de courgette, puis le concassé de tomate. Effeuillez une brindille de thym par-dessus, puis disposez les lamelles (ou les dés) de langoustine.

4 Recueillez la partie crémeuse et le corail qui se trouvent dans la tête de la langoustine, délayez-les avec à peine un filet d'huile d'olive et quelques gouttes de jus de citron. Versez sur la langoustine. Refermez en forme de papillote.

5 Enfournez à four préchauffé. Laissez cuire 8 à 10 minutes à four chaud (220 °C-thermostat 7/8) ou à la vapeur.

6 Pour servir, ouvrez la papillote sur une assiette… sans oublier de mettre la tête de la langoustine à côté : votre bébé sera fasciné !

Maquereau aux petits pois

9 - 10 MOIS

30 à 40 g de maquereau • 1 poignée de petits pois frais, en cosses • 1/2 carotte • 1/4 de laitue • 2 branches de persil • 1 pincée de sel • 1 petite noisette de beurre (5 g environ) • 1/4 de citron

1 Parez le poisson en éliminant la peau et les arêtes.

2 Écossez les petits pois. Pelez et lavez la demi-carotte, coupez-la en rondelles. Épluchez et lavez soigneusement le quart de laitue.

3 Mettez les légumes dans une casserole avec 3/4 de litre d'eau froide, le persil lavé et une toute petite pincée de sel. Portez à frémissement pendant 30 minutes sur feu doux.

4 5 minutes avant la fin de la cuisson, faites cuire le maquereau à la vapeur des légumes, ou faites-le griller séparément.

5 Égouttez les légumes et passez-les au mixeur avec une petite noisette de beurre.

6 Pour servir, transvasez la purée dans l'assiette de votre bébé, écrasez le maquereau à côté, et arrosez-le de quelques gouttes de jus de citron.

Joue de lotte à la tomate

9 - 10 MOIS

1 joue de lotte pas trop grosse (30 à 50 g) • 1 belle tomate bien mûre • 1 branche de persil • 1 branche de cerfeuil • 2 feuilles de basilic • 1 c. à café d'huile d'olive • 1 pincée de sel

1 Décollez la peau de la joue si elle y adhère. Lavez la joue et coupez-la en tout petits dés.

2 Lavez, pelez, épépinez la tomate. Coupez-la en petits dés.

3 Lavez, essorez et hachez toutes les herbes.

4 Sur une feuille de papier sulfurisé, mélangez les petits dés de tomate et de poisson. Parsemez de hachis d'herbes. Ajoutez un rien d'huile d'olive et une toute petite pincée de sel. Refermez en forme de papillote.

5 Mettez au four préchauffé et faites cuire 10 minutes à four chaud (220 °C-thermostat 7/8) ou à la vapeur.

6 Ouvrez la papillote sur l'assiette de votre bébé… et n'oubliez pas de lui faire renifler le plat avant de le lui faire déguster !

langoustine à la tomate

joue de lotte à la tomate

Béchamel

9 MOIS

1 noisette de beurre (5 g environ) • 1 c. à soupe arasée de farine (5 g environ) • 10 cl de lait • noix de muscade

1 Dans une petite casserole, sur feu doux, laissez fondre le beurre jusqu'à ce qu'il commence à mousser légèrement.

2 Ajoutez la farine et délayez aussitôt, jusqu'à ce que le mélange devienne lisse et homogène, mais surtout sans le laisser colorer.

3 Versez aussitôt le lait chaud (préalablement bouilli) et délayez. Râpez un soupçon de noix de muscade. Laissez cuire 5 minutes à peine sur feu doux, sans cesser de mélanger avec une cuillère en bois ou un fouet, jusqu'à ce que la sauce épaississe. Retirez aussitôt du feu.

4 Utilisez comme indiqué dans la recette choisie.

NOTE Ces proportions, suffisantes pour un nourrisson, vous permettent d'obtenir une béchamel assez fluide, plus digeste… et susceptible de passer à travers les trous d'une tétine ! Pour une sauce plus épaisse (quand votre bébé aura grandi), il vous suffira d'augmenter légèrement la dose de farine.

BÉCHAMEL AU FROMAGE Hors du feu, incorporez 15 à 20 g de gruyère, d'emmental ou de parmesan râpé en mélangeant jusqu'à ce qu'il soit bien fondu. Vous pouvez choisir un autre fromage (cantal, crème de gruyère, roquefort, chester, etc.) en fonction de la recette choisie… et des goûts de votre bébé !

BÉCHAMEL DOUCE AU FROMAGE BLANC Hors du feu, incorporez 50 g de fromage blanc à 40 % de matières grasses égoutté, en délayant jusqu'à ce que le mélange soit lisse et homogène.

Béchamel rose à la tomate

9 MOIS

1 noisette de beurre (5 g environ) • 1 c. à soupe arasée de farine (5 g environ) • 10 cl de lait • noix de muscade • 1 tomate bien mûre

1 Préparez la béchamel comme l'indique la recette.

2 Plongez la tomate 30 secondes dans une casserole d'eau bouillante, puis retirez-la à l'aide d'une écumoire, pelez-la (sa peau se décolle alors toute seule), ouvrez-la et épépinez-la. Mixez-la, versez le coulis obtenu dans une petite casserole, et faites-le mijoter 2 ou 3 minutes à feu doux, jusqu'à évaporation quasi complète de l'eau.

3 Incorporez ce coulis à la béchamel, et utilisez-le comme indiqué dans la recette choisie.

NOTE Ne cédez pas à la tentation de colorer la béchamel avec du concentré de tomates en boîte : il est bien trop acide pour un bébé !

Béchamel verte au cresson

9 MOIS

Pour colorer les œufs, les filets de poisson, le riz… et pour étonner votre bébé qui n'en reviendra pas de toutes ces couleurs !

1 noisette de beurre (5 g environ) • 1 c. à soupe arasée de farine (5 g environ) • 10 cl de lait • noix de muscade • 1 poignée de feuilles de cresson

1 Préparez la béchamel comme l'indique la recette.

2 Triez le cresson, coupez les queues et lavez-le soigneusement. Mettez-le dans une casserole sans eau ni matière grasse, couvrez et laissez étuver 5 minutes à feu doux.

3 Égouttez le cresson et mixez-le.

4 Incorporez le cresson à la béchamel, et utilisez-la comme indiqué dans la recette choisie.

NOTE Vous pouvez bien sûr remplacer le cresson par des épinards, des feuilles de bettes, des feuilles de salade, des fanes de radis, ou même des herbes aromatiques (persil, cerfeuil, estragon, ciboulette, basilic, menthe verte, barbes de fenouil, etc.) selon la recette choisie.

béchamel verte au cresson

GLOSSAIRE

L'AVOCAT, riche en lipides, mais aussi en vitamines B et C, est généralement bien toléré par les enfants. Complétez par un dessert léger, comme une compote.

LA CANNELLE N'hésitez pas utiliser la cannelle. Stimulante et antiseptique, elle combat l'asthénie, les digestions lentes et la diarrhée, renforçant ainsi l'action de la pomme. N'en mettez pas pour autant plus qu'il n'en faut, et si votre bébé n'apprécie pas cette saveur un peu particulière, ne la lui imposez pas !

LA CAROTTE La carotte ayant la propriété de fixer les nitrates des engrais agricoles, il faut la faire cuire très longtemps (2 heures) si l'on veut en donner à un bébé de moins de 6 mois. Supprimez le sel avant 4 mois.

LA CASSONADE La cassonade est un sucre de canne roux, en poudre. Naturellement, vous pouvez le remplacer par du sucre en poudre blanc, ou même par du miel. Vous pouvez aussi remplacer les boudoirs par des petits-beurre ou des biscottes.

LA CRÈME DE RIZ se trouve facilement dans les grandes surfaces. Elle cuit en 5 minutes à peine. Pensez-y pour varier les potages de votre bébé ! La crème de riz peut être remplacée par de la semoule de riz, légèrement plus granuleuse, et qui cuit en 10 minutes : une bonne transition entre crème de riz et riz entier ! Tous ces produits se trouvent facilement dans les grandes surfaces.

LE CRESSON DE FONTAINE Le cresson de fontaine est riche en iode, en vitamine C, en fer et en soufre. Sa culture est soumise à une réglementation très stricte qui garantit au consommateur la non-contamination par la douve du foie, un parasite redoutable qui fit autrefois beaucoup de ravages. Ne ramassez jamais de cresson de fontaine, ni d'ailleurs d'oseille sauvage, en pleine nature : ils pourraient être contaminés !

LE CURRY est un mélange d'épices et d'herbes séchées et pilées. Vous choisirez bien sûr un curry doux pour votre bébé... Préférez toujours un curry dit « de Madras », dont la composition est plus soignée.

LES ÉPINARDS sont riches en vitamines B et C, en iode, en phosphore, en potassium et en magnésium (entre autres) mais ils ont la propriété — comme la carotte — de fixer les nitrates des engrais agricoles : il faut donc les faire cuire très longuement (2 heures) si l'on veut en donner à un bébé de moins de 6 mois. Pour atténuer une éventuelle acidité, on peut les faire blanchir (2 mi-nutes à l'eau bouillante ou à la vapeur) avant de les faire cuire.

LA FIGUE Très nutritive, la figue passe pour être légèrement laxative.

LA LAITUE Riche en potassium et en calcium notamment (surtout les feuilles vertes), la laitue a des vertus lénitives et calmantes. Elle passe pour favoriser le sommeil. Quant au cerfeuil, il est riche en vitamines C et E.

MOUSSE AU CHOCOLAT Ce plat riche ne doit figurer qu'exceptionnellement au menu de votre bébé. Mais si ce dessert de fête est au menu familial, pourquoi l'en priver ? Voici une version allégée... mais à réserver aux grandes occasions ! Il va sans dire que vous ne donnerez ni chocolat, ni boisson chocolatée, ni cacao, ni plat riche, ni œuf, ni crème à votre bébé le même jour, même au petit déjeuner !

LE MIEL Le miel, très nutritif, est un « plus » savoureux, mais il n'est pas indispensable, surtout si votre bébé a déjà tendance à manger trop sucré. N'en mettez pas si les fruits sont bien mûrs.

PANCAKE C'est une recette canadienne très appréciée des enfants. Pancake signifie littéralement : gâteau à la poêle. Le sirop d'érable se trouve dans toutes les épiceries fines et dans la plupart des supermarchés.

PÂTE À CRÊPES (POUR 12 CRÊPES) : mélangez 100 g de farine et une petite pincée de sel dans un saladier, creusez en puits, cassez-y 3 œufs entiers, délayez en ajoutant 30 g de beurre fondu, puis 25 cl de lait. Laissez reposer la pâte 1 heure.

LA PÊCHE Très digeste, la pêche est un fruit apprécié des enfants qui préfèrent souvent les pêches jaunes aux pêches blanches... contrairement aux adultes !

LE PERSIL Le persil est bourré de vitamines (E notamment) et de sels minéraux (phosphore, potassium, calcium). Et rappelez-vous : le persil plat est beaucoup plus savoureux que le persil frisé !

LA POMME La pomme est généralement le premier fruit que l'on donne à un bébé (avec le jus d'orange). Désaltérante, dépurative et laxative quand elle est crue, elle facilite la digestion, le transit intestinal et le sommeil. Cuite, elle est particulièrement adaptée aux tout-petits, chez qui elle combat avantageusement les petites diarrhées sans gravité. Et puis la pomme a l'avantage d'être un fruit de toutes les saisons !

PRUNEAUX Si les pruneaux ne sont pas assez moelleux, faites-les tremper 2 heures dans un bol d'eau tiède ou, mieux encore, passez-les 10 minutes à la vapeur.

LA RHUBARBE favorise le transit intestinal et peut être utile en cas de petite constipation. Mais sa saveur acidulée peut rebuter bébé. Donnez-la lui donc mélangée à un laitage s'il ne l'apprécie guère nature. Si vous voulez en donner à bébé avant son premier anniversaire, faites une compote moitié pommes, moitié rhubarbe !

LE SOT-L'Y-LAISSE Contrairement à une croyance fort répandue, le sot-l'y-laisse n'est pas le croupion mais la petite noix charnue qui se trouve dans le creux des reins. On en trouve donc deux sur une carcasse de poulet, de part et d'autre de l'arête dorsale, un peu au-dessus du croupion.

LA SOUPE
À partir de 4 mois, ajoutez à la soupe quelques grains de sel et une petite noisette de beurre. À partir de 5 mois, vous pouvez lier la soupe avec un jaune d'œuf, en battant vigoureusement. Vous pouvez, bien sûr, utiliser d'autres herbes : cresson, oseille, chicorée frisée, etc. (mais pas d'épinards avant 6 mois). Si les herbes ont une saveur légèrement amère, corrigez cette amertume avec un morceau de sucre. À la campagne, n'hésitez pas à employer des fanes de radis, des orties tendres et même quelques feuilles de mauve, aux propriétés adoucissantes

LE TAPIOCA se présente sous trois formes : le « tapioca standard » (granulation courante), qui demande 5 à 7 minutes de cuisson, le « tapioca express » (granulation fine), qui demande 3 minutes de cuisson, et la « crème de tapioca » (granulation extra-fine) de cuisson presque instantanée, qui convient mieux aux bébés jusqu'à 9 mois. Tiré de la racine du manioc, le tapioca a comme principal atout de faciliter la digestion des protéines du lait, ce qui en fait, bien sûr, un aliment privilégié pour les enfants !

TILLEUL Préférez le tilleul en vrac aux infusettes, préparées avec du tilleul de moindre qualité, et contenant souvent des impuretés. Si vous ne trouvez que des sachets-doses, choisissez-les en étamine exclusivement.

TOPINAMBOUR A moins d'en cultiver dans votre jardin, vous ne trouverez guère de topinambours que sur les marchés des grandes villes, et encore, pas partout. Mais si vous en trouvez, n'hésitez pas à en faire car leur saveur, à mi-chemin entre la pomme de terre et l'artichaut, plaît généralement beaucoup aux enfants. De plus, les topinambours sont riches en potassium. Sachez toutefois qu'ils peuvent occasionner des flatulences, c'est pourquoi il ne faut pas en donner avant 9 mois.

VIANDE La viande ne doit être hachée que très peu de temps avant d'être consommée : au dernier moment si possible, dans les 12 heures qui suivent son achat au maximum.

INDEX DES RECETTES